아이가 주인공인 책

아이는 스스로 생각하고 성장합니다.
아이를 존중하고 가능성을 믿을 때
새로운 문제들을 스스로 해결해 나갈 수 있습니다.

길벗스쿨의 학습서는 아이가 주인공인 책입니다.
탄탄한 실력을 만드는 체계적인 학습법으로
아이의 공부 자신감을 높여줍니다.

가능성과 꿈을 응원해 주세요.
아이가 주인공인 분위기를 만들어 주고,
작은 노력과 땀방울에 큰 박수를 보내 주세요.
길벗스쿨이 자녀 교육에 힘이 되겠습니다.

어떤 문장이든
자신 있게 쓸 수 있어요!

30만 독자가 선택한 초등 영작 교재!
더 새로워진 《기적의 영어문장 만들기》

아이와 역할을 나눠 만화 속 대화를 읽으면서 문법 개념을 먼저 익혔어요. **영어 문장을 직접 쓰는 연습을 반복하다 보니 문장 구조를 자연스럽게 이해할 수 있어요.** 문장 만들기에 자신 없던 아이가 문장을 쓰면서 문장의 구조, 어순, 문법을 익히고 작문에도 관심을 보였어요. 자신 있게 영어 문장을 만들 수 있기를 기대합니다.

– 5학년 학부모 **헤린맘** 님

블록을 연결하듯이 단어를 늘려가며 문장을 만들어서 아이가 재미있고 쉽게 느껴요. 문법을 공부하지 않았는데 문장을 쓰면서 구문을 저절로 익히고 문법 공부도 자연스럽게 되어 정말 좋아요. 집에서도 이 책의 학습 단계를 따라 하기만 하면 기본 문법과 작문이 가능하구나 싶어요. 아이가 문장 쓰기에 자신감이 생겼답니다.

– 6학년 학부모 **꿈꾸는일상** 님

아이와 본격적으로 영문법을 공부하기 전에 함께 공부할 교재로 선택했어요. **짧고 간단한 기본 문형으로 문장의 구조를 익히니까 쉽게 시작할 수 있어요.** 이제는 아이가 어순에 맞춰 문장을 써서 혼자 쓰더라도 실수가 적어요. 문장 해석도 자연스러워졌어요. 정말 기특하네요.

– 5학년 학부모 **쿤쿠니** 님

혼자서 공부하기에 너무 좋은 책이에요. 이 책은 정말 아이가 자기주도로 공부한 교재예요. **단어가 문장 성분마다 다른 색의 블록으로 제시되어 있어서 단어가 문장에서 어떤 역할을 하는지 직관적으로 알 수 있어요.** 또 아이가 블록의 순서대로 단어를 조합하면 문장이 완성되어서 쉽게 문장을 만들 수 있었어요.

– 5학년 학부모 **프로메테우스노력** 님

영어에는 명사를 꾸며주는 말을 쓸 때 순서가 있잖아요. 엄마인 제가 영어를 배울 때는 앞 글자만 따서 'a-형-명'처럼 외웠는데 이 책에서는 블록을 색깔에 맞춰 순서대로 이으면서 영작을 훈련할 수 있더라고요. **긴 문장도 어렵지 않게 쓰고, 문장 쓰기가 그대로 말하기로 이어져서 아이 스스로도 뿌듯해했어요.**

- 3학년 학부모 커피사랑집밥 님

아이들 맞춤 라이팅 교재예요! **재미있는 만화로 무엇을 배우는지 개념을 설명하고, 알록달록 색깔 블록으로 주어, 동사, 목적어, 꾸미는 말을 구분하여 어순을 알려줍니다.** 개념을 이해하고 바로 이어서 문장을 직접 써보는 **연습으로 머릿속에 저~장! 기본 동사로 영어 문장을 쉽게 썼어요.** 영어 문장 쓰기가 어렵고 부담될 수 있으나, 이 책은 접근하기 쉽고 어렵지 않은 구성이라 아이가 부담 없이 공부한 것 같아요. 옆에서 흐뭇하고 지켜보면서 좋은 교재의 영향력을 실감했습니다.

- 4학년 학부모 미미짱 님

이 책을 완북하면서 아이가 더 이상 문장 쓰기를 어렵지 않게 생각하고 자신감을 함께 얻었어요. **재료 준비 〈 뼈대 만들기 〈 살 붙이기 단계대로 차근차근 단어를 순서에 맞춰 배열하면 슈퍼 문장과 응용 문장도 쉽게 완성할 수 있었어요.** 만화로 재미있게 개념을 익힐 수 있는 점도 좋았어요. 또래 아이들이 흔히 할 수 있는 문법 실수를 보면서 자연스럽게 배울 수 있었어요. 이 교재로 기초를 튼튼하게 다지기 해서 뿌듯하고 기쁩니다.

- 4학년 학부모 메이브리 님

초등 고학년이 되니 단어나 문법도 중요하지만, 짧은 문장이라도 쓸 수 있어야 할 것 같아서 이 책을 시작했어요. 영어를 여러 해 동안 공부했지만 아직 영어 문장 쓰기는 어려움이 많은데 이 교재로 1형식 만들기부터 연습하고 있어요. **문장을 만드는 방법을 알고 나서는 그동안 배웠던 단어와 문법을 활용해서 문장으로 만들어요.**

- 5학년 학부모 초1초5중1쏭 님

리딩, 리스닝, 스피킹, 라이팅 네 가지 영역을 다 잘하기는 힘들지만 그래도 다른 영역들은 어느 정도 실력이 느는 게 보이는데 쓰기는 어렵더라고요. **아이의 문장에는 문법 오류도 많은데 엄마인 저도 첨삭이 어려운지라 이 책으로 학습해 보기로 했어요. 뼈대 문장에서 살을 붙이는 방식이 정말 너무 쉬워서 좋네요.** 단어만 나열하면 문장이 되니 우리 아이에게 너무 딱이에요. 꾸준히 공부하면서 아이의 쓰기 실력이 늘어나는 것이 제 눈에도 보여요.

- 5학년 학부모 러브리맘 님

아이가 문법을 여전히 어려워하고 특히 의문문을 쓸 때에는 동사 위치와 형태를 헷갈려했어요. **이 책으로 공부하면서 영어 문장을 쓸 때 공식처럼 순서가 있다는 것을 알게 되었어요.** 이제는 쓰고 싶은 단어를 문장의 어느 위치에, 어떤 형태로 넣을지를 알고 문장을 만들어요.

- 6학년 학부모 신생아엄마 님

기적의 영어문장 만들기 4

길벗스쿨

저자 주선이

영어교육과 스토리텔링을 전공하였고, 전통적인 영어교수법을 다양한 매체와 접목한 영어 프로그램을 기획·개발하고 있다. 대교, 천재교육, 언어세상, 사회평론, YBM시사, NE능률, 단비교육 등과 다수의 영어 교재를 집필하고, 모바일 학습 앱 '캐치잇 잉글리시'의 콘텐츠를 개발했다. 현재 유엔젤에서 유아 영어 프로그램 'flyEng(플라잉)'의 개발 PM과 교사 교육을 총괄하고 있다.

대표 저서 《기적의 사이트 워드》, 《기적의 동사변화 트레이닝》, 《기적의 영어문장 트레이닝》, 《기적의 문법+영작》, 《바빠 영어 시제 특강》, 《초등 영어를 결정하는 파닉스와 문장》, 《초등학생 소리별 영단어》 등

기적의 영어문장 만들기 4
Miracle Series – English Sentence Building 4

개정2판 발행 · 2023년 5월 23일
개정2판 3쇄 발행 · 2024년 4월 15일

지은이 · 주선이
발행인 · 이종원
발행처 · 길벗스쿨
출판사 등록일 · 2006년 7월 1일 | **주소** · 서울시 마포구 월드컵로 10길 56 (서교동)
대표 전화 · 02)332-0931 | **팩스** · 02)323-0586
홈페이지 · www.gilbutschool.co.kr | **이메일** · gilbut@gilbut.co.kr

기획 및 책임 편집 · 김소이(soykim@gilbut.co.kr) | **표지 디자인** · 이현숙 | **제작** · 손일순
영업마케팅 · 김진성, 문세연, 박선경, 박다슬 | **웹마케팅** · 박달님, 이재윤, 이지수, 나혜연
영업관리 · 정경화 | **독자지원** · 윤정아

편집진행 및 교정 · 김미경 | **전산편집** · 연디자인 | **본문 디자인** · 윤미주 | **본문삽화** · 김해진, 최정을
영문 감수 · Ryan P. Lagace | **인쇄** · 교보피앤비 | **제본** · 경문제책 | **녹음** · YR 미디어

* 잘못 만든 책은 구입한 서점에서 바꿔 드립니다.
* 이 책은 저작권법에 따라 보호받는 저작물이므로 무단전재와 무단복제를 금합니다.
  이 책의 전부 또는 일부를 이용하려면 반드시 사전에 저작권자와 길벗스쿨의 서면 동의를 받아야 합니다.

ⓒ 주선이, 2023
ISBN 979-11-6406-515-8 64740 (길벗 도서번호 30534)
정가 14,000원

독자의 1초까지 아껴주는 길벗출판사
㈜**도서출판 길벗** | IT교육서, IT단행본, 경제경영서, 어학&실용서, 인문교양서, 자녀교육서
www.gilbut.co.kr
길벗스쿨 | 국어학습서, 수학학습서, 유아학습서, 어학학습서, 어린이교양서, 학습단행본
www.gilbutschool.co.kr

길벗스쿨 공식 카페 〈기적의 공부방〉 · cafe.naver.com/gilbutschool
인스타그램 / 카카오플러스친구 · @gilbutschool

제 품 명 : 기적의 영어문장 만들기 4
제조사명 : 길벗스쿨
제조국명 : 대한민국
전화번호 : 02-332-0931
주   소 : 서울시 마포구 월드컵로
          10길 56 (서교동)
제조년월 : 판권에 별도 표기
사용연령 : 8세 이상
KC마크는 이 제품이 공통안전기준에
적합하였음을 의미합니다.

더 새로워진 기적의 영어문장 만들기

《기적의 영어문장 만들기》 2차 개정판을 통해 다시 만나게 되어 반갑습니다. 이 책은 영어를 처음 접하는 누구나 공통적으로 어려워하고 자주 틀리는 개념을 쉽고 재미있게 이해하고, 실용적인 예문으로 개념을 충분히 연습할 수 있도록 구성했습니다.

이번 개정판에서는 세련된 페이지 구성과 함께, 연습 문제와 복습 문제를 추가하여 아이들 스스로 배운 내용을 점검할 수 있도록 했습니다. 특히, 단어와 문장을 음성 파일로 제공하여 듣고 말하고 쓰는 입체적인 문법과 작문 학습이 가능합니다.

영어 작문의 기초가 되는 책!

영어 읽기를 처음 배울 때 파닉스를 배우듯《기적의 영어문장 만들기》는 쓰기의 파닉스 과정과 같습니다. 본격적인 작문을 하기 전에 영어 문장이 이루어지는 문장 규칙을 이해하면 영어를 읽고 쓰는 것이 훨씬 쉬워집니다. 우리 책에서는 문장의 중심인 동사를 기준으로 문장 구조를 소개하고 연습하도록 구성했습니다.

단어 활용법과 문법 개념이 저절로!

'단어'라는 재료를 문장 규칙에 따라 자연스럽게 활용하는 법을 배웁니다. 단어 블록을 통한 문장 만들기 연습은 직관적으로 영어 어순을 파악하게 하고, 문장 내 단어의 위치에 따라 그 단어의 기능이 어떻게 달라지는지를 익힐 수 있게 합니다. 문법을 별도로 배우지 않고서도 이 과정을 통해 주요 문법 개념을 저절로 습득하게 됩니다.

문장 만들기는 재미있는 집 짓기 과정!

이 책에서는 문장 만들기 과정을 집 짓기에 비유하여 '재료 준비 → 뼈대 만들기 → 살 붙이기'와 같은 단계를 거치게 됩니다. 이 단계를 따라서 단어 재료를 순서대로 배치하면 '슈퍼 문장'처럼 다양하고 긴 문장을 만들거나, '변신 문장'처럼 여러 형태의 문장들도 완성할 수 있게 됩니다.

문장 구조와 규칙을 내재화하는 과정!

문장 구조와 규칙은 꾸준한 반복 훈련을 통한 내재화 과정이 필요합니다. 이 과정을 거쳐야만 영어로 빠르게 생각할 수 있고, 이는 작문뿐만 아니라 말하기로 연결될 수 있습니다. MP3를 활용하여 문장을 듣고 말하기를 함께 연습하면 영어 회화에도 큰 도움이 될 것입니다.

많은 학생들과 선생님들이 이 책을 즐겁고 유익하게 사용할 수 있기를 소망합니다.

2023년 5월 주선이

문장을 만드는 원리

이렇게 공부하세요! ✦✦

1. 먼저 단어를 듣고 소리 내어 읽으면서 익혀 두세요.
2. <개념 쏙쏙>으로 역할극을 해 보세요.
3. <정리 착착>으로 간단하게 정리해 보세요.
4. <연습 팍팍>으로 반복 연습해 보세요.
5. <Review Test>로 복습해 보세요.

1단계 재료를 준비해요!

먼저 문장의 재료가 될 단어들이 필요해요. 문장 만들기에 사용할 단어들을 미리 알아 두는 것이 좋아요.
단어들은 다음과 같이 성격에 따라 여러 종류로 나눌 수 있어요.

명사	사람이나 사물의 이름을 나타내는 말이에요. student 학생 dog 개 school 학교 book 책 water 물
대명사	사람이나 사물의 이름을 대신하여 쓰는 말이에요. I 나는 you 너는 he 그는 her 그녀를 them 그들을 our 우리의
동사	사람이나 사물의 동작이나 상태를 나타내는 말이에요. go 가다 run 달리다 live 살다 be ~이다
형용사	사람이나 사물의 상태나 성질이 어떠한지 나타내는 말이에요. 주로 '어떠한'을 뜻하는 단어들이 속해요. good 좋은 big 큰 pretty 예쁜 white 하얀
부사	동사, 형용사, 부사 등을 꾸며 주는 말이에요. 주로 '어떻게'를 뜻하는 단어들이 속해요. late 늦게 fast 빠르게 early 일찍 here 여기에
전치사	명사나 대명사 앞에 오는 말이에요. 명사나 대명사 앞에 전치사를 붙여서 장소, 시간, 목적 등을 표현할 수 있어요. to ~으로 on ~위에 in ~안에 with ~와 함께 for ~을 위해
접속사	단어와 단어, 문장과 문장을 연결해 주는 말이에요. and 그리고 but 그러나 so 그래서 or 또는

2단계 **문장의 뼈대를 만들어요!**

단어들을 단순히 나열한다고 문장이 되는 것은 아니에요. 문장 규칙에 맞춰 단어들을 배열해야 문장이 이루어질 수 있어요. 문장이 되려면 기본적으로 다음과 같은 문장 뼈대를 갖추어야 해요.

주어	+	동사	+	간접목적어	+	직접목적어	= I gave her a present.
I		gave		her		a present	나는 그녀에게 선물을 줬다.

이렇게 〈주어 + 동사 + 간접목적어 + 직접목적어〉 순서로 단어를 배열하면 문장이 완성돼요. 이처럼 동사 뒤에 간접 목적어와 직접목적어가 오는 문장을 4형식 문장이라고 해요. 4형식 문장에 쓰일 수 있는 동사들로 give, send, tell, ask, buy, bring, teach, show 등이 있어요.

3단계 **문장에 살을 붙여요!**

문장의 뼈대에 살을 붙여서 문장의 의미를 좀더 구체적으로 표현할 수 있어요.
살은 때에 따라 찔 수두 있구 빠진 수두 있지만, 우리 몸에서 뼈가 부족하다면 큰일 나겠지유?
영어 문장도 마찬가지예요. 문장의 살은 좀 부족해도 괜찮지만, 문장의 뼈대는 반드시 있어야 해요.

주어	+	동사	+	간접목적어	+	직접목적어	+	살(부사구)
I		gave		her		a present		last week

= I gave her a present last week. 나는 지난주에 그녀에게 선물을 줬다.

이렇게 문장 뼈대에 부사 역할을 하는 말을 붙여서 의미를 좀더 확장할 수 있어요.
문장 뼈대에 붙이는 살에는 형용사구와 부사구가 있어요. 형용사구는 문장에서 형용사 역할을 하는 것을 말하고,
부사구는 문장에서 부사 역할을 하는 것을 말해요.

이 책의 특징

01 뼈대 문장에서 긴 문장으로 차근차근 배우는 단계적 학습

문장이 만들어지는 원리를 이해하여 기본 문형부터 살 붙인 슈퍼 문장까지 자신 있게 쓸 수 있습니다.
뼈대 문장에 단어를 하나씩 늘려가면서 차근차근 연습하니까 누구나 쉽게 영작할 수 있습니다.

02 문장 구조를 한눈에 파악할 수 있는 단어 블록

문장을 만드는 재료인 단어를 구별이 쉽게 색깔 블록에 넣어 문장 어순이 한눈에 파악될 수 있습니다. 단어
를 순서대로 연결하기만 하면 문법을 깊이 알지 못해도 정확한 문장을 쓸 수 있습니다.

03 문법 개념을 쉽게 익힐 수 있는 재미있는 만화

만화에 핵심 문법 개념을 재미있게 녹여내어, 캐릭터들의 대화를 읽기만 해도 문법 개념을 이해할 수 있습
니다. 영작할 때 자주 하는 실수에 대해 친절하게 설명하여 혼자서도 올바른 문장 쓰기가 가능합니다.

04 영어 문장이 저절로 써지는 반복&누적 설계

다양한 의미의 문장을 직접 써보는 반복 연습을 풍부하게 담아 문장 구조를 자연스럽게 익힐 수 있습니다.
새롭게 추가된 〈Review Test〉, 〈Word Test〉, 〈Final Test〉를 통해 앞에서 배운 전체 내용을 누적 점검할
수 있습니다.

부가 학습자료

Word Test

〈재료 준비하기〉에 등장하는 단어의
철자와 〈살 붙이기〉에서 배운 표현들을
정확하게 알고 있는지 다시 확인합니다.

Final Test

앞에서 배운 동사를 두 개씩 누적하여 우리말
에 알맞은 영어 문장을 완성해 봅니다. 주어진
단어를 사용해 문장을 만들면서 문장 구조를
제대로 파악했는지 마무리 점검합니다.

길벗스쿨 e클래스
eclass.gilbut.co.kr

길벗스쿨 e클래스에서 온라인 퀴즈,
MP3 파일 및 워크시트 다운로드 등
부가 학습자료를 이용하실 수 있습니다.

단어 따라쓰기 워크시트

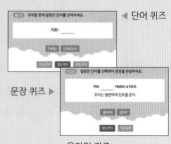

◀ 단어 퀴즈

문장 퀴즈 ▶

온라인 퀴즈

학습계획표

시작하기에 앞서 이 책의 학습 계획을 세워 보세요.

스스로 지킬 수 있는 오늘의 목표를 정하고 꾸준히 실천해 보세요.

무엇보다도 계획하고 실천하는 공부 습관을 만드는 것이 중요합니다.

동사 give	Day 1	Day 2	Day 3	Day 4	Day 5	Day 6
	문장의 뼈대 만들기 I, II	문장의 뼈대 만들기 III	문장에 살 붙이기	변신 문장 만들기	의문문 만들기	Challenge!, Review Test
계획한 날짜	월 일	월 일	월 일	월 일	월 일	월 일

동사 tell	Day 7	Day 8	Day 9	Day 10	Day 11	Day 12
	문장의 뼈대 만들기 I, II	문장의 뼈대 만들기 III	문장에 살 붙이기	변신 문장 만들기	의문문 만들기	Challenge!, Review Test
계획한 날짜	월 일	월 일	월 일	월 일	월 일	월 일

동사 buy	Day 13	Day 14	Day 15	Day 16	Day 17	Day 18
	문장의 뼈대 만들기 I, II	문장의 뼈대 만들기 III	문장에 살 붙이기	변신 문장 만들기	의문문 만들기	Challenge!, Review Test
계획한 날짜	월 일	월 일	월 일	월 일	월 일	월 일

동사 teach	Day 19	Day 20	Day 21	Day 22	Day 23	Day 24
	문장의 뼈대 만들기 I, II	문장의 뼈대 만들기 III	문장에 살 붙이기	변신 문장 만들기	의문문 만들기	Challenge!, Review Test
계획한 날짜	월 일	월 일	월 일	월 일	월 일	월 일

차례

재료 준비하기 본 학습에 들어가기 전에 다음 단어들을 꼭 기억해 두세요.

인칭대명사

- 주격 - 목적격 -

- ✔ I 나는 - me 나를, 나에게
- ○ you 너는/너희들은 - you 너를, 너에게
- ○ he 그는 - him 그를, 그에게
- ○ she 그녀는 - her 그녀를, 그녀에게
- ○ we 우리는 - us 우리를, 우리에게
- ○ they 그들은 - them 그들을, 그들에게

형용사

- ○ big 큰
- ○ tiny 작은, 조그만
- ○ pretty 예쁜
- ○ good 좋은
- ○ useful 유용한
- ○ special 특별한
- ○ expensive 비싼
- ○ wonderful 멋진, 훌륭한

- ○ interesting 재미있는, 흥미로운

- 수량 형용사 -

- ○ some 약간의, 좀
- ○ any (부정문, 의문문에서) 아무, 어떤
- ○ a little 조금의
- ○ a lot of 많은

give

단어 & 문장 듣기

명사

- book 책
- card 카드
- hint 힌트, 단서
- hug 포옹
- call 전화(통화)
- flower 꽃
- present 선물

- warning 경고
- chance 기회
- man 남자
- woman 여자
- friend 친구
- teacher 교사, 선생님
- birthday 생일
- Christmas 크리스마스

- 셀 수 없는 명사 -

- help 도움
- advice 충고, 조언
- news 뉴스, 소식
- message 메시지
- money 돈

Step1
문장의 뼈대 만들기
Ⅰ give와 don't give
gives와 doesn't give

개념 쏙쏙 부모님이나 선생님, 친구와 역할을 나눠서 읽어 보세요.

 오늘부터 목적어가 두 개 뒤따라오는 동사 중에 give를 공부해 볼까요? ❶

give는 '준다'라는 뜻이죠?

 Right! 동사 형태를 먼저 정리해 봐요. 주어가 복수이거나 I, You, We, They일 때 give를 어떻게 쓸까요? ❷

그건 아주 쉽죠~ 그냥 give를 쓰죠. 부정형은 don't give!

$$\left[\begin{array}{c} \text{I, You, We, They} \\ \text{복수 주어} \end{array} \right]$$
+
give /
don't give

주어가 단수일 때는 give 뒤에 -s를 붙여 gives로 써요. ❸

Very good! 단수 주어일 때 '주지 않는다'는 어떻게 표현하죠?

 give에 -s가 붙었으니깐 give 앞에 does not이 필요한데 줄여서 doesn't로 쓸 수 있어요. ❹

이야~ 4권까지 오니까 민준이가 척척박사가 다 됐네요!

$$\left[\begin{array}{c} \text{He, She, It} \\ \text{단수 주어} \end{array} \right]$$
+
gives /
doesn't give

 자, 이제 give 동사의 문장 뼈대를 만들어 볼까요? give 뒤에 목적어를 두 개 써서 '~에게 …을 준다'라는 뜻의 문장을 만들 수 있어요. ❺

목적어를 두 개나요?

 give 뒤에 <받는 사람 + 받는 것> 순서대로 써요. '나는 피터에게 책을 한 권 준다.'라고 하려면 ❻
I give Peter a book. 이라고 해요.

 아~ '누구누구에게'가 먼저 오는 거네요? ❼

그렇죠. '우리는 헬렌에게 선물을 준다.'를 영어로 말해 볼까요?

해 볼게요! We give Helen present! 헤헤, 맞죠? ❽

Great! 단 한 가지, 셀 수 있는 명사가 하나일 때는 a/an을 꼭 써 주세요.

 아하~ We give Helen a present. 이제 완벽하죠? 그러고 보니 우리말 순서랑 같네요! ❾

주어 + give +
간접목적어 + 직접목적어
(~에게)　　　(~을)

주어 + give + 간접목적어 + 직접목적어

동사 give 뒤에는 두 개의 목적어가 올 수 있어요. 이때 give는 '~에게 …을 준다'라는 의미에요. 동사 give 바로 뒤에 받는 사람을 먼저 쓰고 그 뒤에 무엇을 주는지를 써 줘요. '~에게'에 해당하는 말은 간접목적어, '…을'에 해당하는 것은 직접목적어라고 해요. 목적어가 두 개 오는 문장을 4형식 문장이라고 해요.

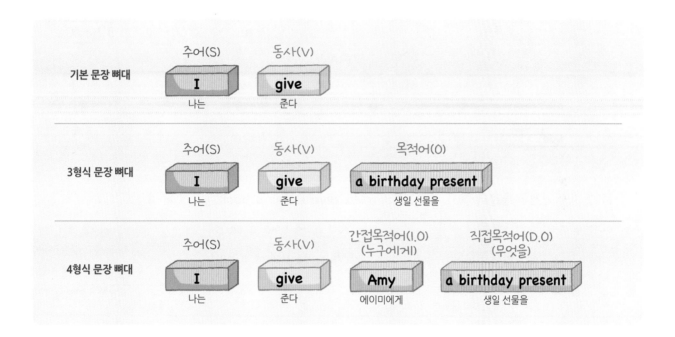

시제가 바뀔 때는 문장 뼈대는 그대로 있고 동사만 모양이 바뀌어요.

주어가 3인칭일 때	He **gives** ∧my a birthday present.
	그는 에이미에게 생일 선물을 준다.
과거의 일을 말할 때	He **gave** Amy a birthday present.
	그는 에이미에게 생일 선물을 주었다.
미래의 일을 말할 때	He **will give** Amy a birthday present.
	그는 에이미에게 생일 선물을 줄 것이다.

① give 준다

주어가 I, You, We, They 또는 복수 명사일 때는 동사로 give를 써요. give 뒤에는 목적어를 두 개 쓸 수 있어요. 이때 give는 '~에게 …을 준다'는 뜻이에요.

주어(S)	동사(V)		간접목적어(I.O)	직접목적어(D.O)
I 나는			Peter 피터에게	a book 책을
You 너는	+ give 준다 +		Lisa 리사에게	+ a card 카드를
We 우리는			Helen 헬렌에게	a hint 힌트를

나는 피터에게 책을 **준다**.   I **give** Peter a book.

너는 리사에게 카드를 **준다**.   You **give** Lisa a card.

우리는 헬렌에게 힌트를 **준다**.   We **give** Helen a hint.

> a book은 책 한 권, a present는 선물 한 개이지만 우리말에서는 '하나'라는 말을 굳이 해석하지 않아요.

② don't give 주지 않는다

주어가 I, You, We, They 또는 복수 명사이고 '주지 않는다'라고 할 때 give 앞에 do not 또는 don't를 붙여요.

주어(S)	동사(V)		간접목적어(I.O)	직접목적어(D.O)
I 나는			Lisa 리사에게	flowers 꽃들을
We 우리는	+ don't give 주지 않는다 +		Helen 헬렌에게	+ money 돈을
They 그들은			Amy 에이미에게	presents 선물들을

나는 리사에게 꽃을 **주지 않는다**.   I **don't give** Lisa flowers.

우리는 헬렌에게 돈을 **주지 않는다**.   We **don't give** Helen money.

그들은 에이미에게 선물을 **주지 않는다**.   They **don't give** Amy presents.

연습 팍팍 각각의 블록을 합체하여 문장을 만들어 보세요.

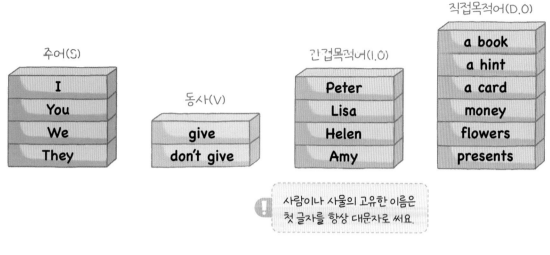

직접목적어(D.O)
a book
a hint
a card
money
flowers
presents

주어(S)
I
You
We
They

동사(V)
give
don't give

간접목적어(I.O)
Peter
Lisa
Helen
Amy

사람이나 사물의 고유한 이름은 첫 글자를 항상 대문자로 써요.

1. 나는 리사에게 책을 준다.

I	give	Lisa	a book
나는	준다	리사에게	책 한 권을

2. 우리는 피터에게 꽃을 주지 않는다.

| 우리는 | 주지 않는다 | 피터에게 | 꽃들을 |

3. 너는 헬렌에게 힌트를 준다.

| 너는 | 준다 | 헬렌에게 | 힌트를 |

4. 그들은 에이미에게 돈을 주지 않는다.

| 그들은 | 주지 않는다 | 에이미에게 | 돈을 |

5. 나는 피터에게 카드를 준다.

| 나는 | 준다 | 피터에게 | 카드를 |

6. 우리는 헬렌에게 선물을 주지 않는다.

| 우리는 | 주지 않는다 | 헬렌에게 | 선물들을 |

❸ gives 준다

주어로 He, She, It 또는 단수 명사가 오면 '~에게 …을 준다'라는 뜻을 나타낼 때 gives를 써요.

| 그는 피터를 안아 **준다**. | He **gives** Peter a hug. |
| 그녀는 리사에게 전화를 **한다**. | She **gives** Lisa a call. |

❹ doesn't give 주지 않는다

주어로 He, She, It 또는 단수 명사가 오면 '주지 않는다'라고 할 때 give 앞에 does not 또는 doesn't를 붙여요.

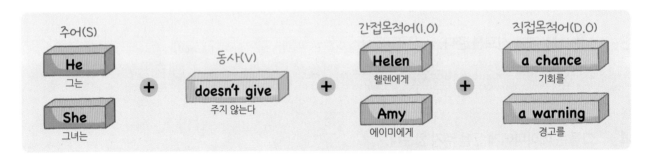

| 그는 헬렌에게 기회를 **주지 않는다**. | He **doesn't give** Helen a chance. |
| 그녀는 에이미에게 경고를 **주지 않는다**. | She **doesn't give** Amy a warning. |

> ❗
> give는 뒤에 오는 명사에 따라 다양하게 해석해요.
>
> give ~ a hug: ~을 안아 주다
> give ~ a call: ~에게 전화하다
> give ~ a warning: ~에게 경고를 하다
> give ~ a kiss: ~에게 키스를 하다
> give ~ a bath: ~에게 목욕을 시켜 주다
> give ~ a ride: 태워주다

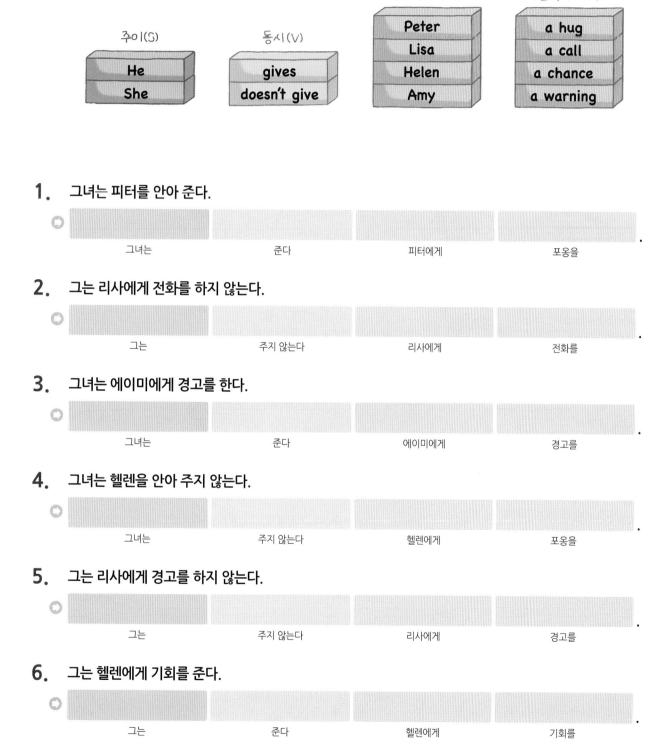

연습 팍팍 각각의 블록을 합체하여 문장을 만들어 보세요.

주어(S)
He
She

동사(V)
gives
doesn't give

간접목적어(I.O)
Peter
Lisa
Helen
Amy

직접목적어(D.O)
a hug
a call
a chance
a warning

1. 그녀는 피터를 안아 준다.

그녀는 / 준다 / 피터에게 / 포옹을 .

2. 그는 리사에게 전화를 하지 않는다.

그는 / 주지 않는다 / 리사에게 / 전화를 .

3. 그녀는 에이미에게 경고를 한다.

그녀는 / 준다 / 에이미에게 / 경고를 .

4. 그녀는 헬렌을 안아 주지 않는다.

그녀는 / 주지 않는다 / 헬렌에게 / 포옹을 .

5. 그는 리사에게 경고를 하지 않는다.

그는 / 주지 않는다 / 리사에게 / 경고를 .

6. 그는 헬렌에게 기회를 준다.

그는 / 준다 / 헬렌에게 / 기회를 .

첫 번째 동사 give **17**

Step 1
문장의 뼈대 만들기 Ⅱ gave와 didn't give

개념 쏙쏙 부모님이나 선생님, 친구와 역할을 나눠서 읽어 보세요.

선생님, 제 친구가 준 카드예요. 멋지죠? ❶

와우, 멋진데요! 오늘은 give의 과거 형태인 gave를 공부할 차례니까 '친구가 내게 카드를 줬다.'를 영어로 표현해 볼까요?

gave라구요? -ed가 안 붙고 불규칙한 모양이네요. ❷

맞아요. gave도 받는 사람 먼저, 받는 것을 그 뒤에 붙여서 문장을 만들어요!

주어 + gave +
간접목적어 + 직접목적어
(~에게)   (~을)

Amy gave I the card. 맞나요? 좀 이상해요. ❸

동사 뒤는 목적어 자리이니깐 I의 목적격을 써야 하죠.

I - me(나에게, 나를) 이제 생각났어요. me를 넣어서 다시… ❹
Amy gave me the card.

Well done!

I — me (나에게)
you — you (너에게)
he — him (그에게)
she — her (그녀에게)
we — us (우리에게)
they — them (그들에게)

하나 더 해 볼까요? '헬렌과 리사는 우리에게 그 책들을 주지 않았다.'를 영어로 바꿔 볼까요? ❺

they - them(그들에게, 그들을)이니까 '그들에게'는 them을 써야죠? 그리고 '주지 않았다'는 didn't를 붙이니까 Helen and Lisa didn't gave us the books. 완벽하죠? ❻

뭔가 이상하지 않아요? didn't의 did에는 '전에 일어난 일'이라는 과거의 의미가 이미 담겨 있어요. didn't 뒤에는 동사원형 give를 써 줘야 해요. ❼

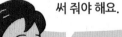
didn't + 동사원형

아, 맞다! 그러면 ❽
Helen and Lisa didn't give us the books.

기억하세요!
<주어 + didn't give +
간접목적어 + 직접목적어>
didn't 뒤에는 동사원형을 써요.

① gave 주었다

'주었다'라는 의미의 gave는 주어에 상관없이 써요. gave 뒤는 간접목적어 자리이므로 인칭대명사를 쓸 때는 목적격인 me, you, him, her, us, them이 와야 해요.

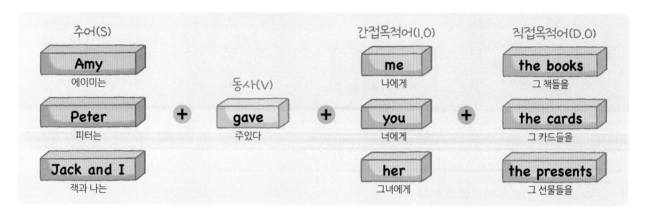

에이미는 나에게 그 책들을 **주었다**.		Amy **gave** me the books.
피터는 너에게 그 카드들을 **주었다**.		Peter **gave** you the cards.
잭과 나는 그녀에게 그 선물들을 **주었다**.		Jack and I **gave** her the presents.

② didn't give 주지 않았다

'주지 않았다'를 나타낼 때는 give 앞에 did not 또는 줄여서 didn't를 써요.

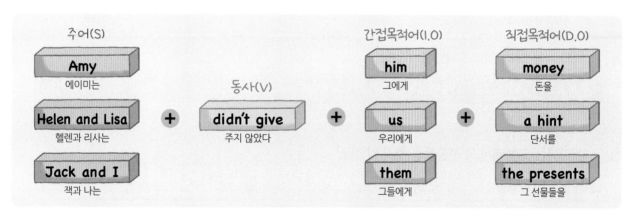

에이미는 그에게 돈을 **주지 않았다**.		Amy **didn't give** him money.
헬렌과 리사는 우리에게 단서를 **주지 않았다**.		Helen and Lisa **didn't give** us a hint.
잭과 나는 그들에게 그 선물들을 **주지 않았다**.		Jack and I **didn't give** them the presents.

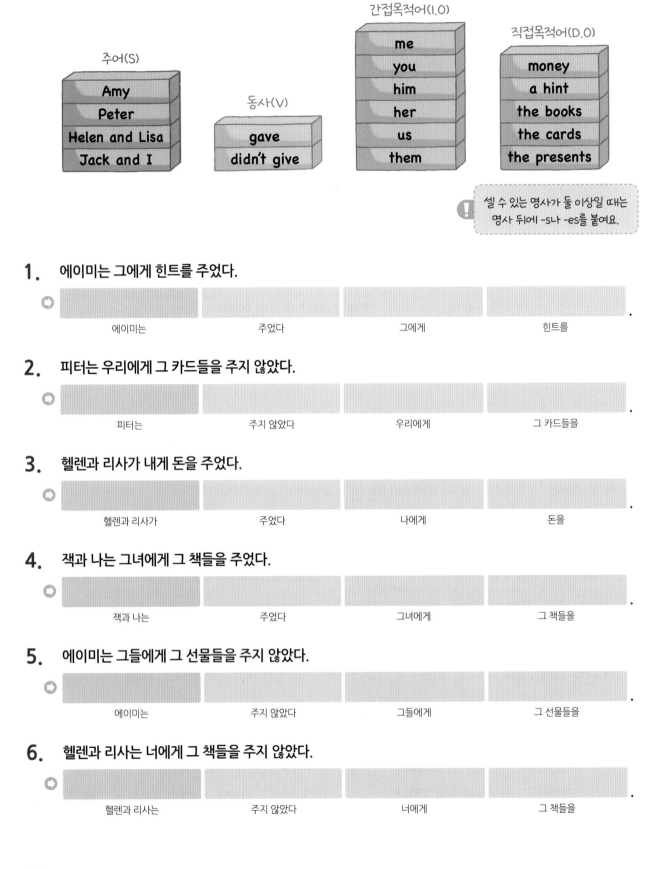

연습 팍팍 각각의 블록을 합체하여 문장을 만들어 보세요.

주어(S)
Amy
Peter
Helen and Lisa
Jack and I

동사(V)
gave
didn't give

간접목적어(I.O)
me
you
him
her
us
them

직접목적어(D.O)
money
a hint
the books
the cards
the presents

셀 수 있는 명사가 둘 이상일 때는 명사 뒤에 -s나 -es를 붙여요.

1. 에이미는 그에게 힌트를 주었다.

에이미는 　　　주었다　　　그에게　　　힌트를

2. 피터는 우리에게 그 카드들을 주지 않았다.

피터는 　　　주지 않았다　　　우리에게　　　그 카드들을

3. 헬렌과 리사가 내게 돈을 주었다.

헬렌과 리사가 　　　주었다　　　나에게　　　돈을

4. 잭과 나는 그녀에게 그 책들을 주었다.

잭과 나는 　　　주었다　　　그녀에게　　　그 책들을

5. 에이미는 그들에게 그 선물들을 주지 않았다.

에이미는 　　　주지 않았다　　　그들에게　　　그 선물들을

6. 헬렌과 리사는 너에게 그 책들을 주지 않았다.

헬렌과 리사는 　　　주지 않았다　　　너에게　　　그 책들을

개념 쏙쏙   부모님이나 선생님, 친구와 역할을 나눠서 읽어 보세요.

① 이번 시간에는 will give를 공부할 거예요.

will give는 '줄 것이다'라는 뜻이죠?

② Right! 오늘의 문장 뼈대를 말해 볼까요?

주어 + will give + 간접목적어 + 직접목적어!

③ Perfect! 동사 will give도 주어에 상관없이 항상 will give예요.

선생님, 왜 will 뒤에는 항상 동사들이 변하지 않죠?

④ will, can, should와 같은 것을 조동사라고 해요. 조동사의 '조'는 도울 조(助)라는 한자를 써요. 즉, 조동사는 동사 앞에서 동사를 도와주는 역할을 하는 거예요. 조동사 뒤에는 동사원형을 쓰기로 약속을 한 거죠.

조동사(will/can/should) + 동사원형

⑤ 조동사는 뭘 도와주는 거예요?

그건 조동사마다 다른데, will은 미래의 의미를 나타내도록 도와줘요.

⑥ '그가 네게 도움을 줄 것이다.'를 영어로 표현해 볼까요?
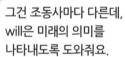
He will give you a help. 어때요? 맞혔죠?

⑦ 아쉽게도 한 군데가 틀렸네요! help 앞의 a를 빼 주세요. help처럼 셀 수 없는 명사 앞에는 a나 an을 붙이지 않아요. 대신 some(약간의)이나 a lot of(많은)를 붙여 줄 수 있어요.

아하! He will give you help.

⑧ 선생님, 왜 help에는 a를 안 붙여요?

a는 '하나의'라는 의미를 갖고 있어요. 그러니 셀 수 없는 말 앞에는 쓸 수 없죠.

help, advice, news는 셀 수 없으니 그 앞에 a나 an을 붙이지 않아요.

⑨ news는 끝에 -s가 붙었으니 복수가 아닌가요?

민준이는 눈이 예리하네요. 형태상 -s로 끝날 뿐이지, 복수 명사는 아니에요. news는 '뉴스, 소식'이라는 뜻인데, 셀 수 없어서 단수 취급을 해요.

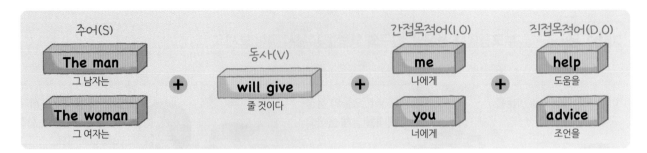

정리착착 단어 블록의 변화를 보면서 문장 구조를 정리해 보세요.

1 will give 줄 것이다

'줄 것이다'라고 말할 때는 give 앞에 will을 붙여 will give로 써요.

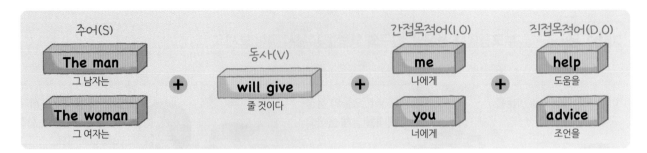

그 남자가 내게 도움을 **줄 것이다**.　　The man **will give** me help.

그 여자가 너에게 조언을 **줄 것이다**.　　The woman **will give** you advice.

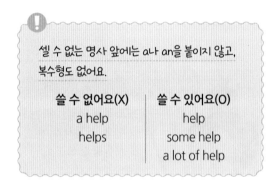

셀 수 없는 명사 앞에는 a나 an을 붙이지 않고, 복수형도 없어요.

쓸 수 없어요(X)	쓸 수 있어요(O)
a help	help
helps	some help
	a lot of help

2 won't give 주지 않을 것이다

'주지 않을 것이다'라고 할 때는 will not give 또는 won't give로 써요.

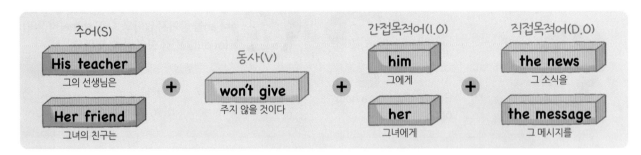

그의 선생님은 그에게 그 소식을 **전해 주지 않을 것이다**.　　His teacher **won't give** him the news.

그녀의 친구는 그녀에게 그 메시지를 **전해 주지 않을 것이다**.　　Her friend **won't give** her the message.

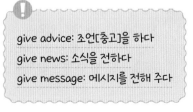

give advice: 조언[충고]을 하다
give news: 소식을 전하다
give message: 메시지를 전해 주다

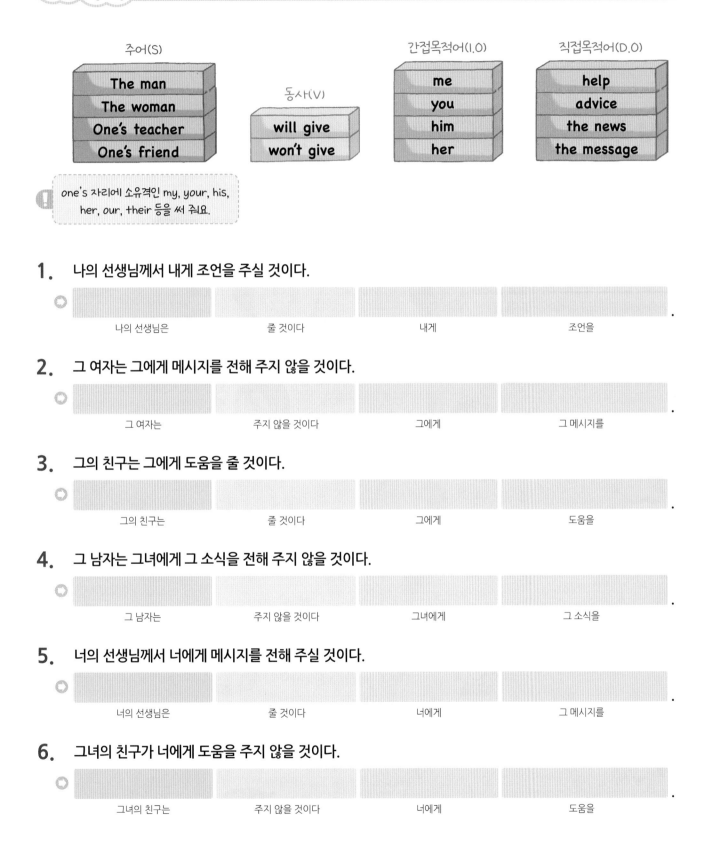

주어(S)

The man
The woman
One's teacher
One's friend

동사(V)

will give
won't give

간접목적어(I.O)

me
you
him
her

직접목적어(D.O)

help
advice
the news
the message

one's 자리에 소유격인 my, your, his, her, our, their 등을 써 줘요.

1. 나의 선생님께서 내게 조언을 주실 것이다.

나의 선생님은	줄 것이다	내게	조언을

2. 그 여자는 그에게 메시지를 전해 주지 않을 것이다.

그 여자는	주지 않을 것이다	그에게	그 메시지를

3. 그의 친구는 그에게 도움을 줄 것이다.

그의 친구는	줄 것이다	그에게	도움을

4. 그 남자는 그녀에게 그 소식을 전해 주지 않을 것이다.

그 남자는	주지 않을 것이다	그녀에게	그 소식을

5. 너의 선생님께서 너에게 메시지를 전해 주실 것이다.

너의 선생님은	줄 것이다	너에게	그 메시지를

6. 그녀의 친구가 너에게 도움을 주지 않을 것이다.

그녀의 친구는	주지 않을 것이다	너에게	도움을

문장에 살 붙이기

개념 쏙쏙 부모님이나 선생님, 친구와 역할을 나눠서 읽어 보세요.

❶ 오늘은 목적어에 살을 붙이실 거죠? 저도 이젠 다 알아요~

하하! 맞아요. 직접목적어에 살을 붙이는 연습을 해 볼까요? 목적어는 명사니깐 형용사로 살을 붙여 줄 수 있어요.

❷ 먼저 새로운 형용사부터 하나씩 볼까요?
pretty(예쁜), tiny(아주 작은), useful(유용한)…
이런 단어들이 모두 형용사예요.

❸ tiny? 들어본 거 같기도 하고…

very small이란 뜻이에요.

❹ 자 그럼, 연습을 해 봐요. '조그만 카드'는 어떻게 말할까요?

음… a tiny card!

형용사는 명사를 꾸며 주기 때문에 명사 바로 앞에 온다는 점 기억해 두세요.

❺ Good! 이번에는 card 대신에 advice로 연습해 봐요. '유익한 조언'은 어떻게 말할까요? useful을 이용해 보세요.

a useful advice 아닌가요?

❻ 잘 했는데… advice는 보이지 않는 것이라 셀 수 없어요.

아, 그럼 a를 빼야죠? useful advice 맞죠?

❼ Great! 그럼 다음 도전 문제는… '좋은 조언'을 어떻게 말할까요?

그건 쉽죠~ 다 배운 건데… 당연히 good advice!

- a/an + 형용사 + 단수 명사

- 형용사 + [셀 수 없는 명사
              복수 명사

❽ 이번에는 advice에 a lot of를 붙여 볼까요?

'많은 조언'인 거죠? 여러 개이니깐 a lot of advices 라고 해야 되나요?

❾ 어이쿠, 셀 수 없는 말이니까 복수형도 없어요. 그래서 모양이 변하지 않아요.

아~ 그럼 a lot of advice.

셀 수 없는 명사는 복수형으로 쓸 수 없고, 늘 단수 형태로 써요.

① a/an/the + 형용사 + 명사

직접목적어로 쓰인 셀 수 있는 명사가 한 개일 때 그 앞에 a/an을 써요. 그 명사 바로 앞에 형용사가 와도 a/an이나 the를 써 줘요. 부정관사 a/an은 정해져 있지 않은 하나의 사물을 가리킬 때 쓰고, 정관사 the는 정해져 있는 특정 사물을 가리킬 때 써요.

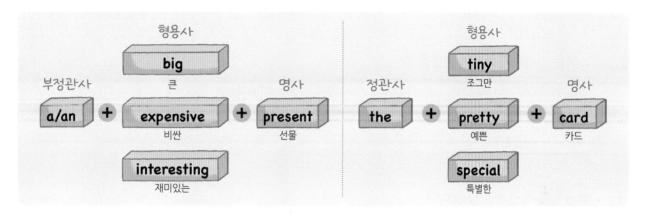

| 큰 선물 | a **big** present | 그 **조그만** 카드 | the **tiny** card |
| 재미있는 선물 | an **interesting** present | 그 **예쁜** 카드 | the **pretty** card |

② 형용사 + 셀 수 없는 명사

직접목적어로 쓰인 셀 수 없는 명사 앞에도 형용사를 쓸 수 있어요. 이때는 부정관사 a/an을 붙이지 않아요. 수량 형용사 some은 부정문에서는 any로 바꿔 써요.

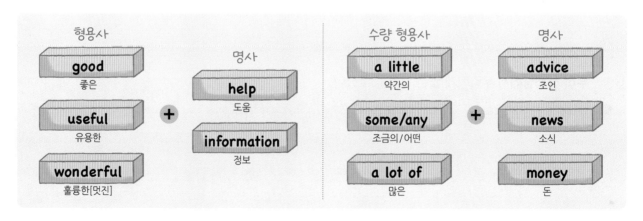

| 좋은 도움 | **good** help | 약간의 조언 | **a little** advice |
| 훌륭한 정보 | **wonderful** information | 많은 소식 | **a lot of** news |

> 수량 형용사는 뒤에 나오는 명사의 수 또는 양의 많거나 적음을 나타내요.

1. 나는 그들에게 소식을 전했다.

them / I / some news / gave

문장의 첫 글자는 대문자로 쓰고, 문장 끝에 마침표를 찍으세요.

➡ ....

2. 그녀는 리사에게 특별한 선물을 준다.

a special present / she / Lisa / gives

➡ ....

3. 잭이 너에게 전화를 줄 것이다.

Jack / you / will give / a call

➡ ....

4. 그 남자는 나에게 유용한 충고를 해 줄 것이다.

will give / me / useful advice / the man

➡ ....

5. 우리 선생님께서 우리에게 많은 도움을 주셨다.

us / gave / our teacher / a lot of help

➡ ....

6. 피터와 나는 헬렌에게 훌륭한 정보를 준다.

Peter and I / give / wonderful information / Helen

➡ ....

7. 나는 잭에게 그 특별한 카드를 주지 않았다.

| Jack | / | didn't give | / | I | / | the special card |

○ ....

8. 우리는 그에게 유용한 충고를 주지 않을 것이다.

| we | / | him | / | won't give | / | useful advice |

○ ....

9. 그들은 그녀에게 그 좋은 소식을 전해 주지 않았다.

| didn't give | / | the good news | / | they | / | her |

○ ....

10. 그는 내게 값비싼 선물을 주지 않는다.

| expensive presents | / | he | / | me | / | doesn't give |

○ ....

11. 그의 친구가 너에게 아무런 경고도 주지 않을 것이다.

| you | / | his friend | / | any warnings | / | won't give |

○ ....

12. 헬렌과 나는 에이미에게 많은 책을 주지는 않는다.

| don't give | / | Helen and I | / | Amy | / | a lot of books |

○ ....

Step 3
변신 문장 만들기

개념 쏙쏙 부모님이나 선생님, 친구와 역할을 나눠서 읽어 보세요.

❶ 선생님, 오늘 제목은 특이하고 재미있어요. 문장도 변신을 해요?

그럼요~ 오늘은 앞에서 배운 문장을 두 가지로 변신시켜 볼 거예요. 첫 번째 방법은 목적어를 하나 줄이는 거예요.

❷ '~에게 …을 준다'라고 할 땐 목적어가 두 개 필요하다고 하셨잖아요. 그런데 어떻게 줄여요?

하하, 걱정 말아요. 이미 3권에서 배운 거니까 어려울 것 없어요.

❸ 정말요?

중요한 목적어를 동사 바로 뒤로 옮기는 대신, 나머지 목적어의 역할을 바꿔서 맨 뒤에 붙이는 거예요.

❹ 자, 여기서 퀴즈! 간접목적어와 직접목적어 중 give 뒤에 꼭 남겨 둬야 할 중요한 목적어는 무엇일까요?

음… 그야… '직접'이란 단어를 가진 직접목적어겠죠?

❺ Good! 그래서 떠나기 싫어하는 간접목적어에게 선물을 줘서 뒤로 보낸답니다.

무슨 선물이요?

❻ 동사마다 주는 선물이 달라요. give는 to라는 선물을 줘요.

주어 + give + 목적어 + to 명사
(원래는 직접목적어) (원래는 간접목적어)

❼ '네가 내게 그 책을 줬어.'라는 문장을 두 가지로 만들어 볼까요?

음… 목적어가 두 개일 때는 You gave me the book. 목적어가 한 개인 경우는 to를 붙여서 You gave the book to me.

❽ 이번에는 명령문을 만들어 봐요. 아주 간단해요. 주어를 생략하고 동사원형으로 시작하면 돼요. '내게 그 책을 줘.'라고 말해 봐요.

❾ 음… 동사원형으로 시작하라구요? 그러면… Give me the book.

Excellent!

명령문
Give + 간접목적어 + 직접목적어

① 목적어를 하나로 줄이기

지금까지 익힌 '~에게 …을 주다'라는 표현을 다르게 표현하는 방법이 있어요. 바로 '~에게'에 해당하는 말(간접목저어)을 '…을'에 해당하는 말(직접목적이) 뒤로 옮기는 거예요. 이때 간접목적어 앞에 꼭 선지사 to를 넣어 주어야 해요. 이렇게 바꾼 문장은 3형식 문장의 뼈대랍니다.

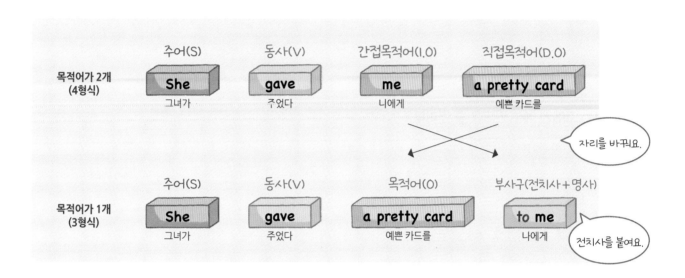

그녀가 **내게 예쁜 카드를** 주었다.

She gave **me a pretty card**.

= She gave **a pretty card to me**.

> Q: 둘 다 같은 뜻인데, 언제 3형식을 쓰고, 또 언제 4형식을 쓰죠?
>
> A: 영어는 긴 표현들을 뒤로 보내는 경향이 있어요. a pretty card처럼 긴 말은 주로 문장 뒤쪽으로 보내 4형식 문장으로 말한답니다.

1. 리사(Lisa)는 우리에게 많은 도움을 주었다.

4형식

| 리사는 | 주었다 | 우리에게 | a lot of help |

3형식

| 리사는 | 주었다 | 많은 도움을 | to us |

2. 나는 그에게 예쁜 카드를 줄 것이다.

4형식

| 나는 | 줄 것이다 | 그에게 | 예쁜 카드를 |

3형식

| 나는 | 줄 것이다 | 예쁜 카드를 | 그에게 |

3. 잭(Jack)은 그녀에게 좋은 소식을 전해 주었다.

4형식

| 잭은 | 주었다 | 그녀에게 | 좋은 소식을 |

3형식

| 잭은 | 주었디 | 좋은 소식을 | 그녀에게 |

4. 그들은 우리에게 아무런 도움을 주지 않을 것이다.

4형식

| 그들은 | 주지 않을 것이다 | 우리에게 | 아무런 도움을 |

3형식

| 그들은 | 주지 않을 것이다 | 아무런 도움을 | 우리에게 |

5. 그는 에이미(Amy)에게 꽃을 주지 않았다.

4형식			
그는	주지 않았다	에이미에게	꽃들을

3형식			
그는	주지 않았다	꽃들을	에이미에게

6. 그녀는 나를 안아 주지 않는다.

4형식			
그녀는	주지 않는다	내게	포옹을

3형식			
그녀는	주지 않는다	포옹을	내게

7. 헬렌(Helen)과 나는 그들에게 그 메시지를 전해 주었다.

4형식			
헬렌과 나는	주었다	그들에게	그 메시지를

3형식			
헬렌과 나는	주었다	그 메시지를	그들에게

8. 우리는 피터(Peter)에게 전화를 하지 않았다.

4형식			
우리는	주지 않았다	피터에게	전화를

3형식			
우리는	주지 않았다	전화를	피터에게

② 명령문 만들기

'주어라'는 뜻을 전달할 때는 '명령문'으로 써요. 명령문은 바로 동사원형으로 시작한답니다.
명령문은 상대방에게 직접 하는 말이므로 주어가 You인데, 생략되어 있는 거예요.

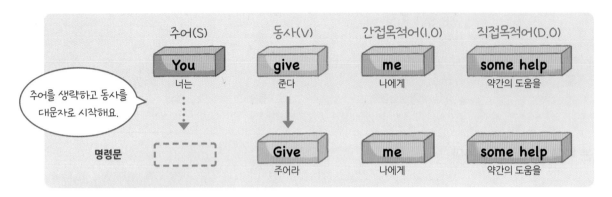

내게 도움을 좀 **줘**.　　　　　**Give** me some help.

'주지 마'라는 뜻의 부정 명령문은 Don't 뒤에 동사원형 give를 써요.

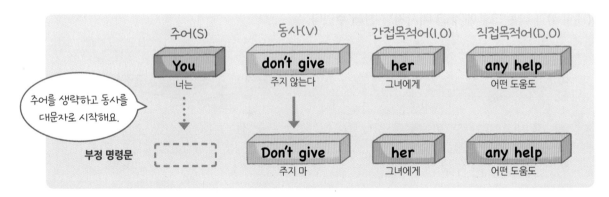

그녀에게 어떤 도움도 **주지 마**.　　**Don't give** her any help.

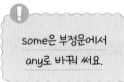
some은 부정문에서
any로 바꿔 써요.

우리말에 맞춰 완성 문장을 써 보세요.

1. **내게 조언을 좀 줘.**

   ○ [   ] [   ] [   ] .
   주어라 　　　　　　 나에게 　　　　　　 약간의 조언을

2. **그녀에게 유용한 정보를 줘.**

   ○ [   ] [   ] [   ] .
   주어라 　　　　　　 그녀에게 　　　　　 유용한 정보를

3. **피터(Peter)에게 좋은 소식을 전해 줘라.**

   ○ [   ] [   ] [   ] .
   주어라 　　　　　　 피터에게 　　　　　 좋은 소식을

4. **리사(Lisa)에게 멋진 선물을 줘라.**

   ○ [   ] [   ] [   ] .
   주어라 　　　　　　 리사에게 　　　　　 멋진 선물을

5. **헬렌(Helen)을 안아 주지 마.**

   ○ [   ] [   ] [   ] .
   주지 마 　　　　　　 헬렌에게 　　　　　 포옹을

6. **우리에게 그 예쁜 책들을 주세요.**

   ○ [   ] [   ] [   ] [please] .
   주세요 　　　　　　 우리에게 　　　　 그 예쁜 책들을 　　 부디

7. **그들에게 많은 도움을 주세요.**

   ○ [Please] [   ] [   ] [   ] .
   부디 　　　　　　 주세요 　　　　　 그들에게 　　　　 많은 도움을

8. **그에게 어떤 기회도 주지 마세요.**

   ○ [   ] [   ] [   ] [   ] .
   부디 　　　　　　 주지 마세요 　　　　 그에게 　　　　 어떤 기회도

> 문장 앞이나 끝에 please를 붙이면 좀 더 공손한 표현이 됩니다.
> 문장 끝에 쓸 때는 please 앞에 콤마(,)를 붙여 주세요.

❶ 의문사 없는 의문문 Ⅰ

'~에게 …을 주니?'라고 물어볼 때는 어떻게 쓸까요? 주어가 I, you, we, they 또는 복수 명사이고 현재 시제일 때는 주어 앞에 Do를 써요. 과거 시제일 때는 Did, 미래 시제일 때는 Will을 쓴답니다.

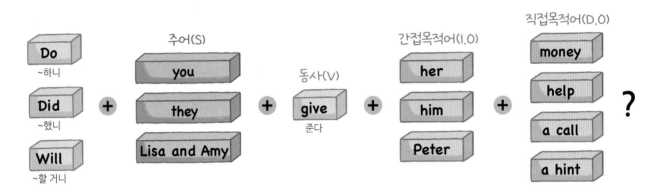

1. 너는 피터에게 도움을 주니?

   ○ [ ] [ ] [ ] [ ] [ ] ? ◁ Yes, I do.

2. 그들이 그녀에게 전화를 할까?

   ○ [ ] [ ] [ ] [ ] ? ◁ No, they won't.

3. 리사와 에이미가 그에게 힌트를 주었니?

   ○ [ ] [ ] [ ] [ ] ? ◁ No, they didn't.

4. 너는 그녀에게 돈을 줄 거니?

   ○ [ ] [ ] [ ] [ ] ? ◁ Yes, I will.

❷ 의문사 없는 의문문 Ⅱ

주어가 he, she, it 또는 단수 명사이고 현재 시제일 때는 주어 앞에 Does를 써요. 과거 시제와 미래 시제일 때는 주어에 상관없이 각각 Did, Will을 주어 앞에 쓴답니다.

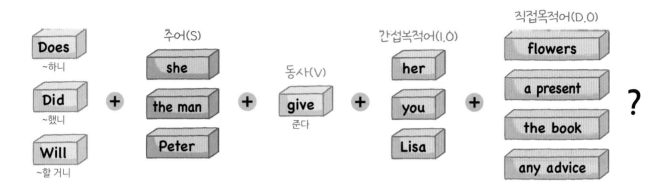

1. 그녀가 너에게 조언을 좀 해주니?

⟳ _____ _____ _____ _____ _____ ?

> Yes, she does.

2. 그 남자가 리사에게 꽃들을 주었니?

⟳ _____ _____ _____ _____ _____ ?

> Yes, he did.

3. 피터가 그녀에게 선물을 줄까요?

⟳ _____ _____ _____ _____ _____ ?

> Yes, he will.

4. 그 남자가 너에게 그 책을 줄까?

⟳ _____ _____ _____ _____ _____ ?

> No, he won't.

③ When 의문문

'언제' 주는지 물어볼 때는 의문사 When이 필요해요. 의문사가 들어가는 의문문도 앞에서 배운 의문문과 단어 순서가 같아요. 다만 의문사를 의문문 맨 앞에 붙여 주어야 해요.

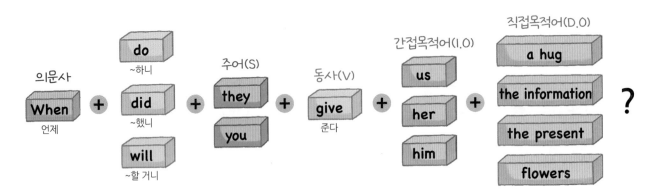

1. 그들이 언제 그녀를 안아 주니?

    ○ [＿＿＿＿] [＿＿＿＿] [＿＿＿＿] [＿＿＿＿] [＿＿＿＿] [＿＿＿＿] ?

    Every morning.

2. 너는 언제 그에게 그 선물을 전해 줄 거니?

    ○ [＿＿＿＿] [＿＿＿＿] [＿＿＿＿] [＿＿＿＿] [＿＿＿＿] [＿＿＿＿] ?

    Tomorrow.

3. 그들이 언제 우리에게 그 정보를 줄까요?

    ○ [＿＿＿＿] [＿＿＿＿] [＿＿＿＿] [＿＿＿＿] [＿＿＿＿] [＿＿＿＿] ?

    Next week.

4. 너는 언제 그녀에게 꽃을 주었니?

    ○ [＿＿＿＿] [＿＿＿＿] [＿＿＿＿] [＿＿＿＿] [＿＿＿＿] [＿＿＿＿] ?

    Last night.

④ Why 의문문

'왜' 주는지 물어볼 때는 의문사 Why가 필요해요. 마찬가지로 Why를 의문문 맨 앞에 붙여 주어야 해요.
does, did 뒤에 나오는 동사는 항상 동사원형을 써요.

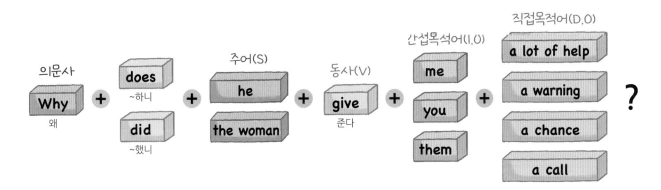

1. 그는 왜 내게 경고를 주는 거지?

   ○ ⬜⬜⬜⬜⬜⬜ ?

   To help you.

2. 그 여자는 왜 너에게 기회를 주었니?

   ○ ⬜⬜⬜⬜⬜⬜ ?

   To help me.

3. 그는 왜 그들에게 전화를 했어?

   ○ ⬜⬜⬜⬜⬜⬜ ?

   Because it was dangerous.

4. 그 여자가 왜 내게 많은 도움을 주는 거지?

   ○ ⬜⬜⬜⬜⬜⬜ ?

   Because you are too busy.

CHALLENGE!

동사 send를 이용하여 문장을 만들어 보세요.

~에게 …을 보낸다	send
	sends
~에게 …을 보냈다	sent
~에게 …을 보낼 것이다	will send

긍정문

1. 나는 리사(Lisa)에게 몇 권의 책을 보낸다.

▷ | | | | some books | .

2. 그는 내게 선물을 하나 보냈다.

▷ | | | | | .

3. 우리는 그들에게 많은 돈을 보낼 거야.

▷ | | | | | .

4. 피터(Peter)는 에이미(Amy)에게 멋진 카드들을 보낸다.

▷ | | | | | .

5. 헬렌(Helen)과 잭(Jack)은 우리에게 비싼 선물을 하나 보냈다.

▷ | | | | | .

6. 에이미(Amy)와 나는 너에게 예쁜 꽃들을 보낼 거야.

▷ | | | | .

~에게 …을 보내지 않는다	don't send
	doesn't send
~에게 …을 보내지 않았다	didn't send
~에게 …을 보내지 않을 것이다	won't send

부정문

1. 나는 그들에게 어떤 경고들도 보내지 않았다.

◌ _____ _____ _____ _____ .

2. 헬렌(Helen)과 나는 그녀에게 그 메시지를 보내지 않을 것이다.

◌ _____ _____ _____ _____ .

3. 우리는 그들에게 비싼 책들을 보내지 않는다.

◌ _____ _____ _____ _____ .

4. 그는 내게 유용한 정보를 보내지 않았다.

◌ _____ _____ _____ _____ .

5. 잭(Jack)과 리사(Lisa)는 그에게 어떠한 소식도 보내지 않을 것이다.

◌ _____ _____ _____ _____ .

6. 피터(Peter)는 헬렌(Helen)에게 어떤 꽃들도 보내지 않는다.

◌ _____ _____ _____ _____ .

~에게 …을 보내니?	Do — send ~ …?
	Does — send ~ …?
~에게 …을 보냈니?	Did — send ~ …?
~에게 …을 보낼 거니?	Will — send ~ …?

의문문

1. 너는 그에게 그 책을 보낼 거니?

○ ▭ ▭ ▭ ▭ ▭ ?

2. 너는 그들에게 크리스마스 카드를 보냈어?

○ ▭ ▭ ▭ ▭ Christmas cards ?

3. 헬렌(Helen)이 네게 생일 카드를 보냈어?

○ ▭ ▭ ▭ ▭ a birthday card ?

4. 잭(Jack)이 언제 그녀에게 메시지를 보낼까?

○ ▭ ▭ ▭ ▭ ▭ ▭ ?

5. 피터(Peter)는 왜 리사(Lisa)에게 비싼 선물들을 보내니?

○ ▭ ▭ ▭ ▭ ▭ ▭ ?

6. 그들이 언제 우리에게 그 좋은 책들을 보내 주었니?

○ ▭ ▭ ▭ ▭ ▭ ▭ ?

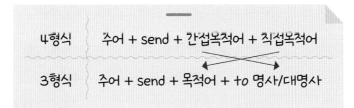

4형식	주어 + send + 간접목적어 + 직접목적어
3형식	주어 + send + 목적어 + to 명사/대명사

변신 문장 만들기

1. 그들은 우리에게 유용한 책들을 보내 준다.

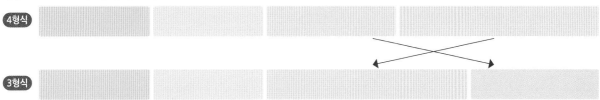

2. 잭(Jack)이 나에게 좋은 소식을 보냈다.

3. 피터(Peter)는 헬렌(Helen)에게 예쁜 카드들을 보낸다.

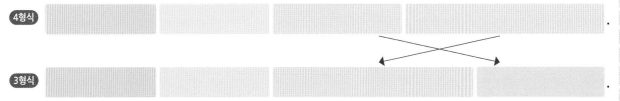

4. 우리는 그들에게 선물 몇 개를 보내 줄 것이다.

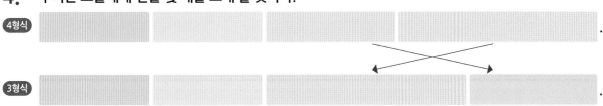

A. 우리말 뜻에 알맞게 동사 give와 send를 이용하여 빈칸을 채우세요.

1.

~에게 …을 준다	~에게 …을 주지 않는다	~에게 …을 주니?
give / _____	_____ /doesn't give	Do/_____ ~ give?
~에게 …을 주었다	~에게 …을 주지 않았다	~에게 …을 주었니?
_____	_____ give	Did ~ _____ ?
~에게 …을 줄 것이다	~에게 …을 주지 않을 것이다	~에게 …을 줄 거니?
will _____	_____	Will ~ _____ ?

2.

~에게 …을 보낸다	~에게 …을 보내지 않는다	~에게 …을 보내니?
send / _____	don't/_____ send	_____ /Does ~ send?
~에게 …을 보냈다	~에게 …을 보내지 않았다	~에게 …을 보냈니?
_____	_____	Did ~ _____ ?
~에게 …을 보낼 것이다	~에게 …을 보내지 않을 것이다	~에게 …을 보낼 거니?
_____ send	_____	_____ ~ _____ ?

B. 주어진 단어를 순서대로 배열해 보세요.

> 문장의 첫 글자는 대문자로 쓰고, 문장 끝에 문장 부호를 쓰세요.

3. call | a | gives | Lisa | she

→ _____

4. won't | information | Peter | them | any | give

→ _____

5. her | special | a | present | send

→ _____

6. books | won't | expensive | send | Jack | them

→ _____

C. 주어진 문장을 지시대로 바꾸어 쓰세요.

7. Helen and Lisa gave us a hint.

   부정문 ▶

8. Her friend doesn't give her the message.

   긍정문 ▶

9. You will give her good help.

   의문문 ▶

10. Peter sent a tiny card to me.

    부정문 ▶

D. 주어진 단어들을 이용하여 우리말에 맞게 문장을 완성해 보세요.

11. 내게 조언을 좀 줘. ·· advice

    ▶

12. 너는 잭(JacK)에게 기회를 줬니? ······················· chance

    ▶

13. 그는 왜 내게 경고를 했지? ······························· warning

    ▶

맞힌 개수 :

/13개

본 학습에 들어가기 전에 다음 단어들을 꼭 기억해 두세요.

인칭대명사

- 주격 - 소유격 -

☑ I   나는 - my 나의
◯ you   너는/너희들은 - your 너의/너희들의
◯ he   그는 - his 그의
◯ she   그녀는 - her 그녀의
◯ we   우리는 - our 우리의
◯ they   그들은 - their 그들의

부정대명사

◯ all   모두, 다
◯ something   뭔가, 어떤 일[것]
◯ anything   (부정문, 의문문에서)
     아무것, 어떤 일[것]
◯ everything   모든 일[것]
◯ nothing   아무것 (~ 없다)

두 번째 동사

tell

단어 & 문장 듣기

명사

- lie 거짓말
- joke 농담
- story 이야기
- riddle 수수께끼
- name 이름
- idea 생각
- plan 계획
- secret 비밀

- truth 진실, 사실
- reason 이유
- result 결과
- song 노래
- movie 영화
- program 프로그램
- favor 호의, 부탁
- question 질문

부사(구)

- again 다시
- quietly 조용히
- every day 매일
- every time 매번

Step 1
문장의 뼈대 만들기
Ⅰ tell과 don't tell
tells와 doesn't tell

개념 쏙쏙 부모님이나 선생님, 친구와 역할을 나눠서 읽어 보세요.

오늘부터 목적어가 두 개 뒤따라오는 동사 중에 tell을 공부해 볼까요? **①**

아, 그럼 tell은 '~에게 …을 말해 주다'라는 뜻이네요.

주어 + tell +

간접목적어 + 직접목적어
(~에게)　　　(~을)

주어가 복수이거나 I, You, We, They를 쓸 경우는 동사를 어떻게 쓰죠? **②**

그냥 tell을 쓰죠. 부정형은 don't tell!

[I, You, We, They
복수 주어
+
tell /
don't tell]

주어가 단수이거나 he, she일 때는? **③**

주어가 단수일 때는 동사 뒤에 -s를 붙여 주니깐 tells이죠.

tells는 tell에 -s가 붙었으니깐 부정형은 does의 도움이 필요해요. does not을 줄여서 doesn't tell로도 쓸 수 있어요. **④**

[He, She, It
단수 주어
+
tells /
doesn't tell]

Very good! '헬렌은 내게 거짓말을 한다.'를 말해 볼까요? **⑤**

Helen tells lies.

음… '누구에게'에 해당하는 말이 없네요. **⑥**

앗! I - my - me - mine, 그러니까 me를 빠뜨렸어요…

Helen tells me lies. **⑦**

간접목적어 자리에 쓰는 인칭대명사가 금방 안 떠오르죠? 이번 기회에 다시 집중 연습해 봐요. **⑧**

네~~!

인칭대명사의 목적격
나에게: me
너에게: you
그에게: him
그녀에게: her
우리에게: us
그들에게: them

주어 + tell + 간접목적어 + 직접목적어

동사 tell 뒤에도 두 개의 목적어가 올 수 있어요. 이때 tell은 '~에게 …을 말한다'는 의미에요. 동사 tell 뒤에는 사람을 먼저 쓰고 그 뒤에 말해 주는 내용을 써 줘요. '~에게'에 해당하는 말은 간접목적어, '…을'에 해당하는 말은 직접목적어라고 해요.

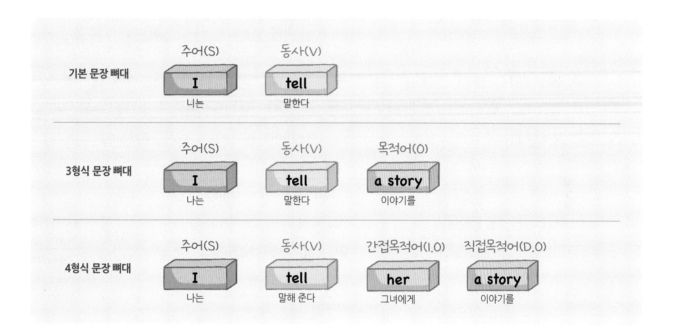

시제가 바뀔 때는 문장 뼈대는 그대로 있고 동사만 모양이 바뀌어요.

주어가 3인칭일 때	She **tells** me a story.
	그녀는 내게 이야기를 해 준다.
과거의 일을 말할 때	She **told** me a story.
	그녀는 내게 이야기를 해 주었다.
미래의 일을 말할 때	She **will tell** me a story.
	그녀는 내게 이야기를 해 줄 것이다.

① **tell** 말한다

주어가 I, You, We, They 또는 복수 명사일 때는 동사로 tell을 써요. tell 뒤에는 목적어를 두 개 쓸 수 있어요. 이때 tell은 '~에게 …을 말한다'는 뜻이에요.

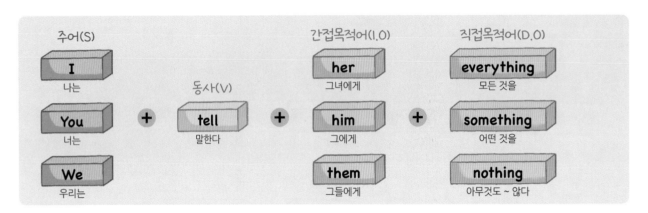

나는 그녀에게 모든 것을 **말한다**.

너는 그에게 어떤 것을 **말한다**.

우리는 그들에게 아무것도 **말하지** 않는다.

I **tell** her everything.

You **tell** him something.

We **tell** them nothing.

(= We don't tell them anything.)

> nothing은 자체에 부정의 의미가 담겨 있어요. 따라서 don't tell과 함께 쓰지 않아요.

② **don't tell** 말하지 않는다

주어가 I, You, We, They 또는 복수 명사이고 '말하지 않는다'라는 의미일 때는 tell 앞에 do not 또는 don't를 붙여요.

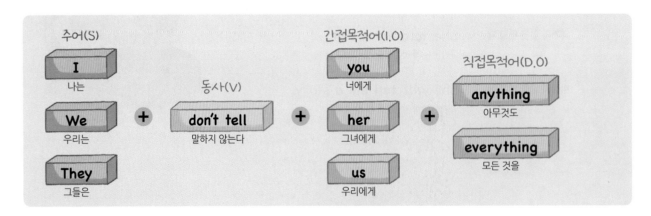

나는 너에게 아무것도 **말하지 않는다**.

우리는 그녀에게 아무것도 **말하지 않는다**.

그들은 우리에게 모든 것을 **말하지 않는다**.

I **don't tell** you anything.

We **don't tell** her anything.

They **don't tell** us everything.

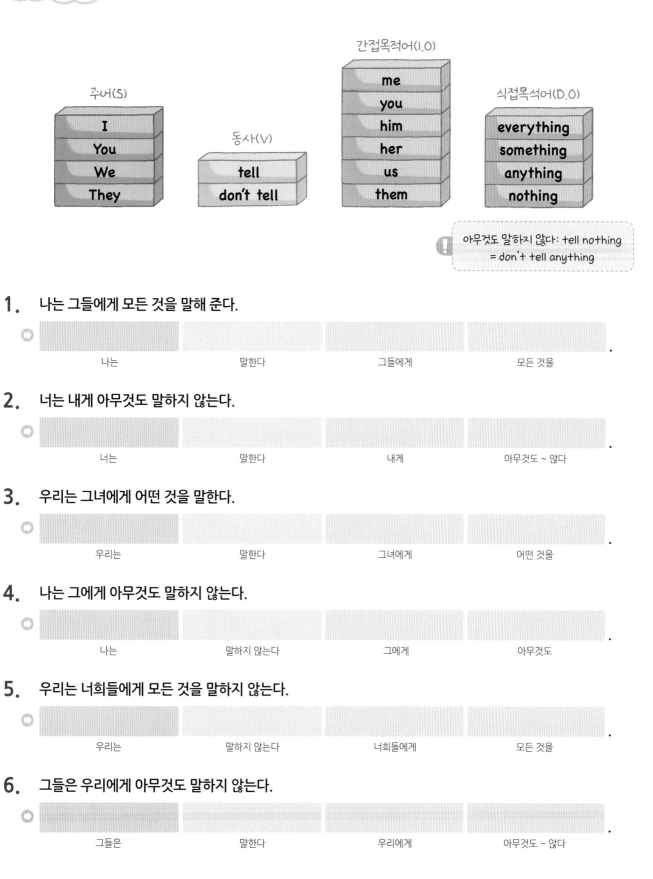

주어(S)

I
You
We
They

동사(V)

tell
don't tell

간접목적어(I.O)

me
you
him
her
us
them

직접목적어(D.O)

everything
something
anything
nothing

아무것도 말하지 않다: tell nothing
= don't tell anything

1. 나는 그들에게 모든 것을 말해 준다.

나는	말한다	그들에게	모든 것을

2. 너는 내게 아무것도 말하지 않는다.

너는	말한다	내게	아무것도 ~ 않다

3. 우리는 그녀에게 어떤 것을 말한다.

우리는	말한다	그녀에게	어떤 것을

4. 나는 그에게 아무것도 말하지 않는다.

나는	말하지 않는다	그에게	아무것도

5. 우리는 너희들에게 모든 것을 말하지 않는다.

우리는	말하지 않는다	너희들에게	모든 것을

6. 그들은 우리에게 아무것도 말하지 않는다.

그들은	말한다	우리에게	아무것도 ~ 않다

❸ tells 말한다

주어로 He, She, It 또는 단수 명사가 오면 '~에게 …을 말한다'는 뜻을 나타낼 때 tells를 써요.

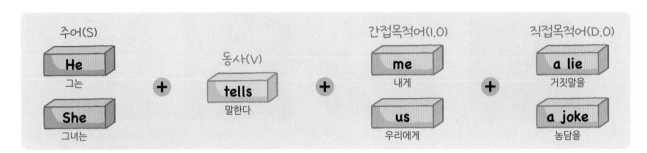

그는 내게 거짓말을 **한다**.　　　　　He **tells** me a lie.

그녀는 우리에게 농담을 **한다**.　　　　She **tells** us a joke.

> ❗ tells 뒤는 목적어 자리이므로 목적격 형태인 me, us, you, them, him, her 등을 써야 해요.

❹ doesn't tell 말하지 않는다

주어로 He, She, It 또는 단수 명사가 오면 '말하지 않는다'라고 할 때 tell 앞에 does not 또는 doesn't를 붙여요. doesn't tell 뒤에 lie, joke, story, riddle 등은 복수형이 자연스러워요.

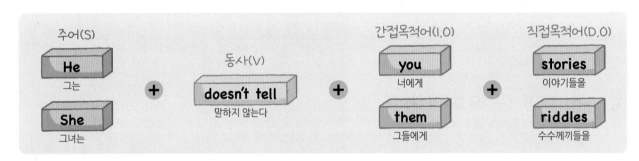

그는 너에게 이야기를 **말하지 않는다**.　　He **doesn't tell** you stories.

그녀는 그들에게 수수께끼를 **내지 않는다**.　　She **doesn't tell** them riddles.

> ❗ tell a lie: 거짓말하다
> tell a joke: 농담하다
> tell a story: 이야기하다
> tell a riddle: 수수께끼를 내다

주어(S)

He
She

동사(V)

tells
doesn't tell

간접목적어(I.O)

me
you
him
her
us
them

직접목적이(D.O)

a lie/lies
a joke/jokes
a story/stories
a riddle/riddles

1. 그는 그들에게 농담을 한다.

⊙   그는   말한다   그들에게   농담을 .

2. 그녀는 그에게 거짓말을 하지 않는다.

⊙   그녀는   말하지 않는다   그에게   거짓말들을 .

3. 그녀가 너에게 이야기를 해 주는구나.

⊙   그녀는   말한다   너에게   이야기를 .

4. 그는 그녀에게 농담을 하지 않는다.

⊙   그는   말하지 않는다   그녀에게   농담들을 .

5. 그가 우리에게 수수께끼를 낸다.

⊙   그는   말한다   우리에게   수수께끼를 .

6. 그녀가 내게는 수수께끼를 내지 않는다.

⊙   그녀는   말하지 않는다   내게   수수께끼들을 .

개념 쏙쏙 부모님이나 선생님, 친구와 역할을 나눠서 읽어 보세요.

이번 시간에는 tell의 과거 형태인 told로 문장을 만들어 볼 거예요. ❶

아, 과거형이 telled가 아니네요. 불규칙으로 변화하는군요.

told도 뒤에 목적어가 두 개 올 수 있겠네요. ❷

물론이에요!

주어 + told +
간접목적어 + 직접목적어
(~에게)   (~을)

'그는 나에게 그의 생각을 말해 주었다.'는 어떻게 표현할까요? ❸

He told me he idea. 맞나요?

'그의'라는 표현은 소유격을 써야죠? ❹ he는 '그는'이란 뜻으로 주어 자리에 오는 대명사예요.

아, 그럼 he - his - him 순서니깐 his를 써야겠네요. **He told me his idea.**

That's right. 오늘은 이처럼 직접목적어에 소유격이 함께 쓰이는 경우를 연습해 볼 거예요. ❺

그럼, 소유격을 한번 정리해 주세요!

one's가 들어간 자리에 문장 주어로 쓰인 인칭대명사의 소유격을 써 주면 된답니다. ❻

인칭대명사의 소유격
I - my(나의)
you - your(너의)
he - his(그의)
she - her(그녀의)
we - our(우리의)
they - their(그들의)

'에이미는 그녀의 계획을 우리에게 말해 주었다.'를 만들어 볼까요? ❼

이젠 알죠. 에이미이니깐 she - her. 그럼 **Amy told us her plan.**

Very good! ❽ 부정문, '그는 내게 그의 이름을 말해 주지 않았다.'는 어떻게 할까요? told의 부정형을 먼저 생각해 봐요.

과거이니깐 didn't의 도움을 ❾ 받아야죠. 그래서 **He didn't tell me his name.**

Great!

❶ told 말했다

과거형 동사 told는 주어에 상관없이 쓸 수 있어요. 직접목적어 자리에 '~의'라는 말이 오면 소유격인 my, your, his, her, our, their 등을 써 줘요.

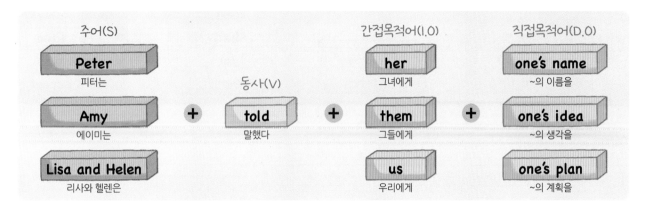

피터는 그녀에게 그의 이름을 **말해 주었다**.

에이미는 그들에게 그녀의 생각을 **말했다**.

리사와 헬렌은 우리에게 그들의 계획을 **말했다**.

Peter **told** her his name.

Amy **told** them her idea.

Lisa and Helen **told** us their plan.

❷ didn't tell 말하지 않았다

'말하지 않았다'는 tell 앞에 did not 또는 줄여서 didn't를 써요.

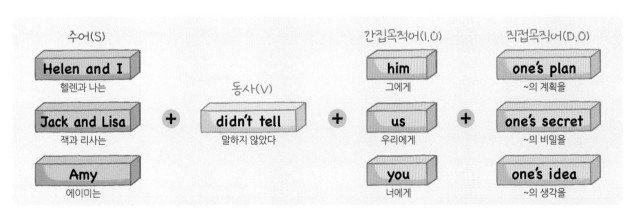

헬렌과 나는 그에게 우리 계획을 **말하지 않았다**.

잭과 리사는 우리에게 그들의 비밀을 **말해 주지 않았다**.

에이미는 너에게 그녀의 생각을 **말해 주지 않았다**.

Helen and I **didn't tell** him our plan.

Jack and Lisa **didn't tell** us their secret.

Amy **didn't tell** you her idea.

연습팍팍 각각의 블록을 합체하여 문장을 만들어 보세요.

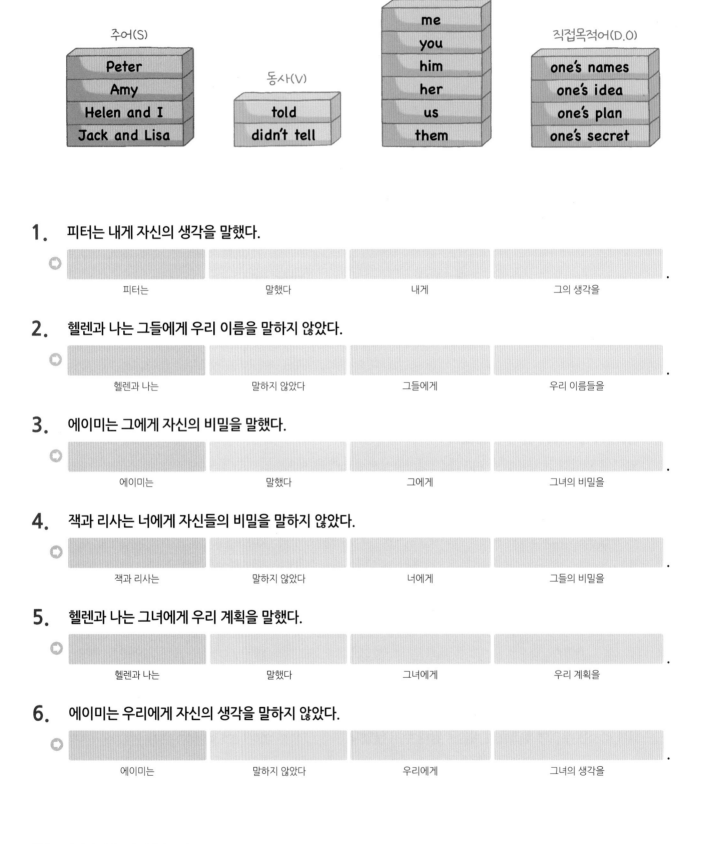

주어(S)

Peter
Amy
Helen and I
Jack and Lisa

동사(V)

told
didn't tell

간접목적어(I.O)

me
you
him
her
us
them

직접목적어(D.O)

one's names
one's idea
one's plan
one's secret

1. 피터는 내게 자신의 생각을 말했다.

| 피터는 | 말했다 | 내게 | 그의 생각을 |

2. 헬렌과 나는 그들에게 우리 이름을 말하지 않았다.

| 헬렌과 나는 | 말하지 않았다 | 그들에게 | 우리 이름들을 |

3. 에이미는 그에게 자신의 비밀을 말했다.

| 에이미는 | 말했다 | 그에게 | 그녀의 비밀을 |

4. 잭과 리사는 너에게 자신들의 비밀을 말하지 않았다.

| 잭과 리사는 | 말하지 않았다 | 너에게 | 그들의 비밀을 |

5. 헬렌과 나는 그녀에게 우리 계획을 말했다.

| 헬렌과 나는 | 말했다 | 그녀에게 | 우리 계획을 |

6. 에이미는 우리에게 자신의 생각을 말하지 않았다.

| 에이미는 | 말하지 않았다 | 우리에게 | 그녀의 생각을 |

개념 쏙쏙 부모님이나 선생님, 친구와 역할을 나눠서 읽어 보세요.

 이번 시간에는 조동사 will과 함께 문장 뼈대를 만들어 볼까요? ❶

will tell은 '말할 것이다'라는 뜻이겠네요.

will tell의 문장 뼈대를 한번 말해 봐요. ❷

그것도 쉽죠!

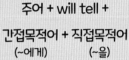 주어 + will tell + 간접목적어 + 직접목적어
(~에게) (~을)

 한 가지 영어 표현이 우리말로는 다양하게 해석될 수 있어요. ❸

그래요?

다음 우리말을 듣고 영어로 어떤 표현을 써야 할지 생각해 보세요. '진실을 말해 줄게. / 옳은 말을 할게. / 사실대로 말할게.'는 모두 한 가지 표현으로 가능해요. ❹

 모두 tell the truth를 쓰면 되는 거예요? ❺

That's right!

재미있어요! 그럼 무슨 뜻인지 어떻게 알아요? ❻

그건 그 문장이 쓰이는 앞뒤 상황이나 말하는 의도를 봐야죠.

 오호. 저는 자주 엄마에게 I will tell you the truth. 라고 말하게 되는 것 같아요. ❼

하하하. 거짓말은 하지 말아야죠. 자, 지금 말한 문장에서 will은 뭘 나타낼까요?

 will은 미래에 대한 결심이나 예측을 나타내요.

 오늘 민준이의 결심을 will을 이용해 정리해 볼까요? 첫째, 엄마에게 거짓말을 하지 않겠습니다. 둘째, 진실만을 말하겠습니다. ❽

 어휴, 선생님두~ 그러고는 엄마에게 가서 말하라고 하실 거죠? First, I won't tell Mom a lie. Second, I will tell Mom the truth. ❾

Wonderful! 다음에 선생님에게 그 결과를 말해 주세요. '나는 당신에게 그 결과를 말해 드릴게요.' 이 표현도 영어로 해 볼까요? ❿

 어휴… 너무 하세요. I will tell you the result. 맞죠?

① will tell 말할 것이다

'말할 것이다'라고 말할 때는 tell 앞에 will을 붙여 will tell로 써요. the는 정해진 것, 즉 '그'라는 뜻이 있어요. 우리말로는 때에 따라 굳이 해석하지 않아도 돼요.

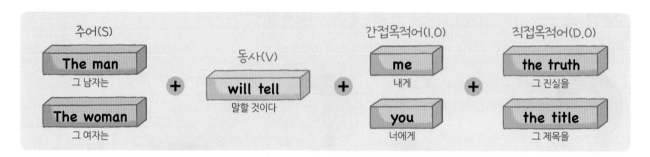

그 남자는 나에게 진실을 **말할 것이다**.　　The man **will tell** me the truth.

그 여자는 너에게 그 제목을 **말해 줄 것이다**.　　The woman **will tell** you the title.

② won't tell 말하지 않을 것이다

'말하지 않을 것이다'라고 할 때는 will not 또는 줄임말 won't를 tell 앞에 써서 will not tell이나 won't tell로 써요.

그의 부모는 그에게 이유를 **말해 주지 않을 것이다**.　　His parents **won't tell** him the reason.

그 아이들은 우리에게 결과를 **말해 주지 않을 것이다**.　　The children **won't tell** us the result.

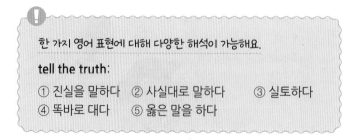

한 가지 영어 표현에 대해 다양한 해석이 가능해요.

tell the truth:

① 진실을 말하다　② 사실대로 말하다　③ 실토하다

④ 똑바로 대다　⑤ 옳은 말을 하다

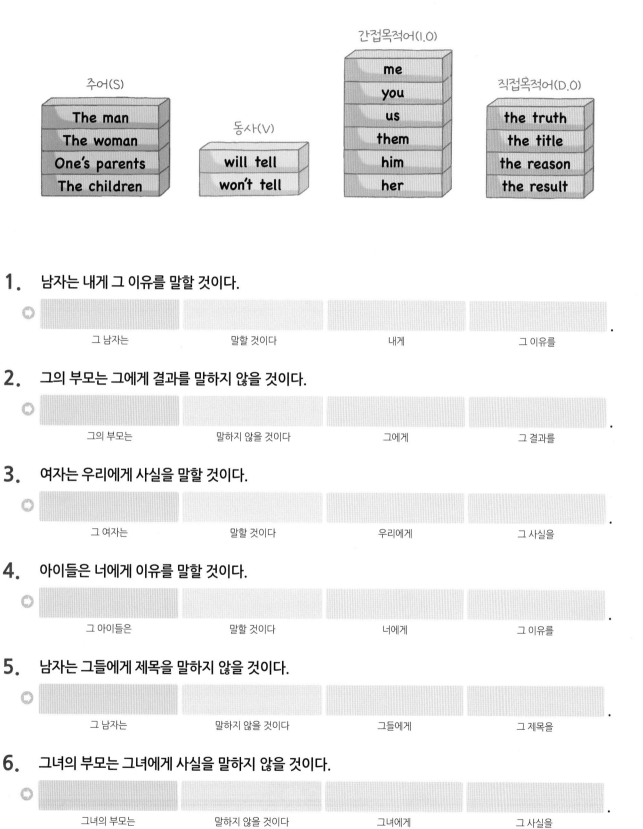

연습 팍팍   각각의 블록을 합체하여 문장을 만들어 보세요.

주어(S)
- The man
- The woman
- One's parents
- The children

동사(V)
- will tell
- won't tell

간접목적어(I.O)
- me
- you
- us
- them
- him
- her

직접목적어(D.O)
- the truth
- the title
- the reason
- the result

1. 남자는 내게 그 이유를 말할 것이다.

그 남자는	말할 것이다	내게	그 이유를

2. 그의 부모는 그에게 결과를 말하지 않을 것이다.

그의 부모는	말하지 않을 것이다	그에게	그 결과를

3. 여자는 우리에게 사실을 말할 것이다.

그 여자는	말할 것이다	우리에게	그 사실을

4. 아이들은 너에게 이유를 말할 것이다.

그 아이들은	말할 것이다	너에게	그 이유를

5. 남자는 그들에게 제목을 말하지 않을 것이다.

그 남자는	말하지 않을 것이다	그들에게	그 제목을

6. 그녀의 부모는 그녀에게 사실을 말하지 않을 것이다.

그녀의 부모는	말하지 않을 것이다	그녀에게	그 사실을

Step 2
문장에 살 붙이기

개념 쏙쏙 부모님이나 선생님, 친구와 역할을 나눠서 읽어 보세요.

①
선생님! 오늘은 어디에 살을 붙이실 거죠?

이번에는 직접목적어에 살을 붙이는 연습을 해 볼까요?

②
직접목적어도 명사이니깐 형용사를 붙이는 거죠.

네. 오늘은 전치사구가 형용사처럼 명사를 꾸며 준답니다. 단, 뒤에서 명사를 꾸며 줘요.

• 형용사 + 명사
• 명사 + 전치사구

③
윽… 어려워 보이는데요.

우리 민준이는 조금만 연습하면 금방 익힐 거예요.
첫 번째 문제, '나에 관해 모두 다'란 표현을 말해 볼까요?
all과 about을 이용해 보세요.

④
뒤에서 꾸며 주니깐…
all about I. 오, 쉽네요. 순서대로 단어를 넣으면 되잖아요.

한 가지 주의할 게 있어요.
전치사 뒤에 인칭대명사를 쓸 경우 목적격 형태를 써요.

전치사 뒤에 인칭대명사가 오면 목적격을 써 줘요.

⑤
그럼 I - my - me이니깐
all about me.

Very good!

⑥
'그녀에 관한 진실'을 표현해 볼까요?

그녀는 she - her - her니깐
the truth about her.

⑦
Wonderful! 이번엔 '~의'라는 뜻의 전치사 of를 이용해서 '그 책의 제목'을 말해 봐요.

그건 쉽죠.
the title of the book!

❶ about/of + 명사

〈전치사 + 명사/대명사〉의 전치사구가 직접목적어인 명사를 꾸며 줄 수 있어요. 명사를 꾸며 주기 때문에 형용사구 역할을 해요. about은 '~에 관한,' of는 '~의'라는 뜻의 전치사예요. 이때 전치사구는 명사 뒤에서 꾸며줘요.

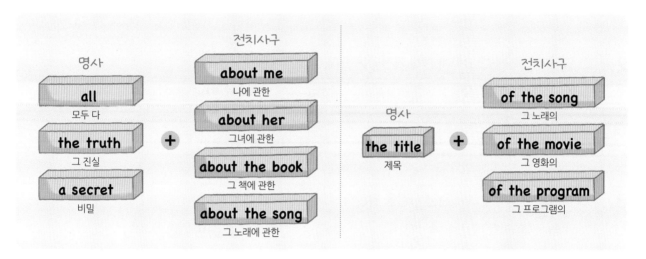

| 나에 관해 모두 다 | all **about me** | 그 노래의 제목 | the title **of the song** |
| 그 노래에 관한 비밀 | a secret **about the song** | 그 영화의 제목 | the title **of the movie** |

❷ 부사(구)

한 단어로 쓰인 부사나 두 단어 이상의 부사구가 문장 뼈대 끝에서 동사를 꾸며 준답니다.

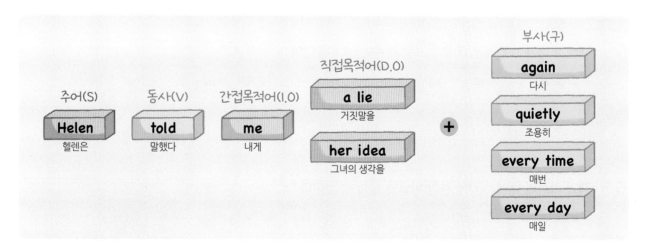

헬렌은 내게 **또** 거짓말을 했다.　　　　　　Helen told me a lie **again**.

헬렌은 **매번** 자신의 생각을 내게 말해 주었다.　Helen told me her idea **every time**.

1. 나는 그에게 그들에 관해 모두 다 말할 것이다.

about them / will tell / I / all / him

....

2. 그 남자가 너에게 그 그림에 관해 거짓말을 했다.

you / the man / a lie / told / about the picture

....

3. 그 여자는 우리에게 그에 관한 사실을 말한다.

the woman / the truth / us / tells / about him

....

4. 그 아이들은 그녀에게 그것에 대한 그들의 생각을 말한다.

tell / her / about it / their idea / the children

....

5. 헬렌과 내가 그들에게 그 프로그램 제목을 말해 주었다.

them / told / of the program / Helen and I / the title

....

6. 잭과 리사가 내게 그것에 관한 비밀을 말해 줄 것이다.

about it / Jack and Lisa / me / a secret / will tell

....

7. 나는 그녀에게 다시는 아무것도 말하지 않았다.

anything / I / her / again / didn't tell

⟳ ....

8. 우리는 우리의 계획을 매번 너에게 말하지 않을 것이다.

every time / we / won't tell / our plans / you

⟳ ....

9. 그는 매번 그들에게 수수께끼를 내지는 않는다.

them / every time / he / a riddle / doesn't tell

⟳ ....

10. 그녀는 그녀의 이름을 다시 우리에게 말하지 않았다.

us / didn't tell / again / she / her name

⟳ ....

11. 그의 부모는 그에게 그 결과를 조용히 말하지 않았다.

quietly / didn't tell / him / the result / his parents

⟳ ....

12. 헬렌과 에이미는 매일 나에게 이야기를 해 주지는 않는다.

Helen and Amy / me / don't tell / every day / a story

⟳ ....

Step 3
변신 문장 만들기

개념 쏙쏙 부모님이나 선생님, 친구와 역할을 나눠서 읽어 보세요.

 ❶ 오늘은 tell 문장을 변신시킬 차례네요.

동사 tell도 give와 똑같은 방식으로 바꿀 수 있어요?

❷ 그럼요~ 우선 목적어를 하나 줄여 볼까요? 목적어를 하나 줄일 때 어떻게 한다고 했죠?

❸ 떠나기 싫어하는 간접목적어에게 선물을 줘서 뒤로 보낸다고 하셨죠. 큭큭… 그런데 tell은 무슨 이사 선물을 줘요?

❹ tell이 주는 선물도 to예요. 그럼 어떤 모양으로 바뀌게 될까요?

❺ 간접목적어에 to를 붙여서 문장 끝으로 이사를 시켜야죠.

That's right!

주어 + tell + 목적어 + to 명사
(원래는 직접목적어) (원래는 간접목적어)

❻ 두 가지 방법으로 다음 문장을 만들어 볼까요? '네가 내게 거짓말을 했잖아.'

자꾸 양심에 찔리는 말씀을 하시네요. 먼저, You told me a lie. me를 뒤로 옮겨 to를 붙이면, You told a lie to me.

❼ 엄마가 말씀하셨죠? 제가 거짓말을 했다구…

❽ 이렇게 말해 볼까요? '다시는 내게 거짓말 하지 마.'

부정 명령문은 Don't로 시작하니까, Don't tell me a lie again. 이젠 정말 거짓말 안 할 거예요.

❾ Challenge!에서 배울 ask는 tell과 다르게 of라는 선물을 줘요.

주어 + ask + 목적어 + of 명사
(원래는 직접목적어) (원래는 간접목적어)

① 목적어를 하나로 줄이기

먼저 직접목적어를 동사 바로 뒤로 옮기고, 간접목적어를 맨 뒤로 보내요. 이때 간접목적어 앞에 '~에게'라는 뜻의 전치사 to를 붙여 줘요.

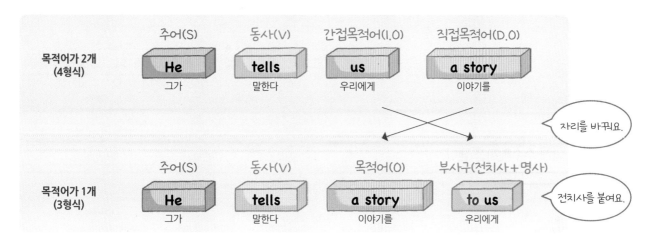

그가 **우리에게 이야기를** 해 준다.

He tells **us a story**.

= He tells **a story to us**.

간접목적어 자리에 사람 이름이 와도 방법은 똑같아요.

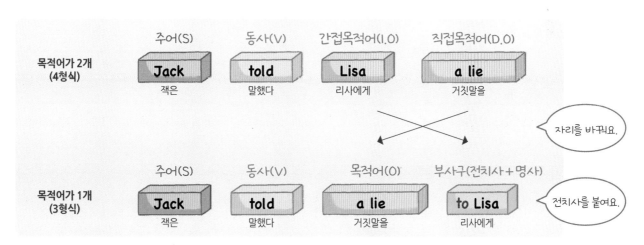

잭이 **리사에게 거짓말을** 했다.

Jack told **Lisa a lie**.

= Jack told **a lie to Lisa**.

두 번째 동사 tell **63**

1. 나는 그에게 나의 비밀을 말해 주었다.

4형식

나는	말했다	그에게	my secret
		나의 비밀을	

3형식

나는	말했다	나의 비밀을	to him
			그에게

2. 잭은 내게 수수께끼를 낸다.

4형식

잭은	말한다	내게	수수께끼를

3형식

잭은	말한다	수수께끼를	내게

3. 헬렌이 네게 그 이유를 말해 줄 것이다.

4형식

헬렌이	말할 것이다	네게	그 이유를

3형식

헬렌이	말할 것이다	그 이유를	네게

4. 그들이 우리에게 모든 것을 말해 줄 것이다.

4형식

그들이	말할 것이다	우리에게	모든 것을

3형식

그들이	말할 것이다	모든 것을	우리에게

5. 그 여자는 우리에게 거짓말을 하지 않았다.

4형식

| 그 여자는 | 말하지 않았다 | 우리에게 | 거짓말을 |

3형식

| 그 여자는 | 말하지 않았다 | 거짓말을 | 우리에게 |

6. 잭과 피터는 그녀에게 농담들을 하지 않는다.

4형식

| 잭과 피터는 | 말하지 않는다 | 그녀에게 | 농담들을 |

3형식

| 잭과 피터는 | 말하지 않는다 | 농담들을 | 그녀에게 |

7. 그녀는 그들에게 아무것도 말하지 않았다.

4형식

| 그녀는 | 말하지 않았다 | 그들에게 | 아무것도 |

3형식

| 그녀는 | 말하지 않았다 | 아무것도 | 그들에게 |

8. 그는 에이미에게 자신의 생각을 말하지 않을 것이다.

4형식

| 그는 | 말하지 않을 것이다 | 에이미에게 | 그의 생각을 |

3형식

| 그는 | 말하지 않을 것이다 | 그의 생각을 | 에이미에게 |

❷ 명령문 만들기

'말해라'라는 뜻을 전달할 때는 바로 동사원형으로 시작해요. 이런 문장을 '명령문'이라고 하죠.

명령문은 상대방에게 직접 하는 말이므로 주어가 항상 You인데, 생략되어 있는 거예요.

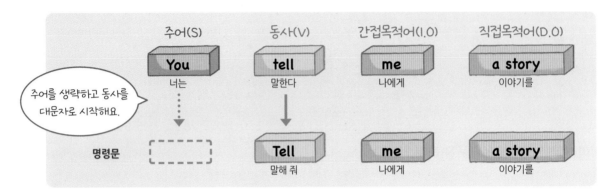

내게 이야기를 **해 줘**.　　　**Tell** me a story.

'말하지 마'라는 뜻의 부정 명령문은 Don't 뒤에 동사원형 tell을 써요.

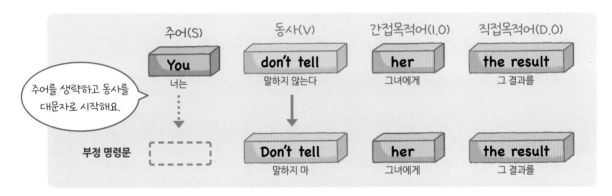

그녀에게 그 결과를 **말하지 마**.　　**Don't tell** her the result.

문장 앞이나 끝에 please를 붙이면 '〜해 주세요'라는 좀 더 공손한 표현이 됩니다. 뒤에 쓸 때는 please 앞에 콤마(,)를 붙여 주세요.

예 **Please** tell me the result.
Tell me the result, **please**.

1. 내게 네 생각을 말해 줘.

말해 줘	나에게	네 생각을

2. 그녀에게 결과를 알려 줘라.

말해 줘	그녀에게	그 결과를

3. 그에게 그 책 제목을 말해 줘.

말해 줘	그에게	그 제목을	그 책의

4. 그녀에게 그것에 대해 아무것도 말하지 마.

말하지 마	그녀에게	아무것도	그것에 대해

5. 그들에게 모든 것을 다시 말해 줘라.

말해 줘라	그들에게	모든 것을	다시

6. 우리에게 다시 거짓말하지 마.

말하지 마	우리에게	거짓말을	다시

7. 우리에게 당신의 이름을 말씀해 주세요.

말해 주세요	우리에게	당신의 이름을	부디

8. 제게 조용히 진실을 말해 주세요.

부디	말해 주세요	나에게	그 진실을	조용히

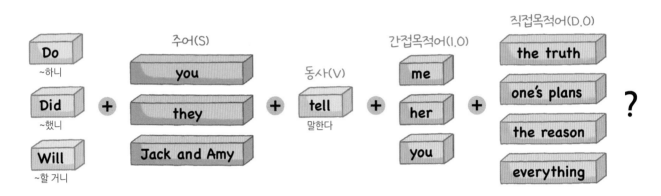

① 의문사 없는 의문문 I

'~에게 …을 말하니?'라고 물어볼 때는 어떻게 쓸까요? 주어가 I, you, we, they 또는 복수 명사이고 현재 시제일 때는 주어 앞에 Do를 써요. 과거 시제일 때는 Did, 미래 시제일 때는 Will을 쓴답니다.

1. 너는 내게 모든 것을 말하니?

⟹ _____ _____ _____ _____ _____ ?   Yes, I do.

2. 그들이 그녀에게 그 이유를 말해 줄까?

⟹ _____ _____ _____ _____ _____ ?   No, they won't.

3. 잭과 에이미는 너에게 그들의 계획들을 말해 주니?

⟹ _____ _____ _____ _____ _____ ?   Yes, they do.

4. 너는 그녀에게 사실대로 말했니?

⟹ _____ _____ _____ _____ _____ ?   No, I didn't.

❷ 의문사 없는 의문문 Ⅱ

주어가 he, she, it 또는 단수 명사이고 현재 시제일 때는 주어 앞에 Does를 써요. 그리고 과거 시제와 미래 시제일 때는 주어에 상관없이 각각 주어 앞에 Did, Will을 쓴답니다.

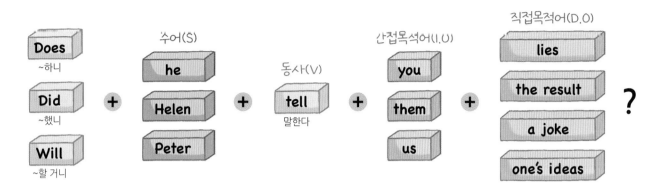

1. 헬렌이 네게 거짓말을 하니?

   ○ ＿＿＿＿＿＿＿＿＿＿＿＿＿＿＿＿＿＿＿＿＿＿＿＿ ?

   Yes, she does.

2. 그가 우리에게 결과를 말해 줄까?

   ○ ＿＿＿＿＿＿＿＿＿＿＿＿＿＿＿＿＿＿＿＿＿＿＿＿ ?

   No, he won't.

3. 피터가 그들에게 농담을 했어?

   ○ ＿＿＿＿＿＿＿＿＿＿＿＿＿＿＿＿＿＿＿＿＿＿＿＿ ?

   No, he didn't.

4. 헬렌이 우리에게 그녀의 생각들을 말해 줄까요?

   ○ ＿＿＿＿＿＿＿＿＿＿＿＿＿＿＿＿＿＿＿＿＿＿＿＿ ?

   Yes, she will.

③ When 의문문

이번에는 의문사가 들어가는 의문문을 만들어 봐요. '언제' 말하는지 물어볼 때는 의문사 When이 필요해요.
의문사는 의문문 맨 앞에 붙여 주어야 해요.

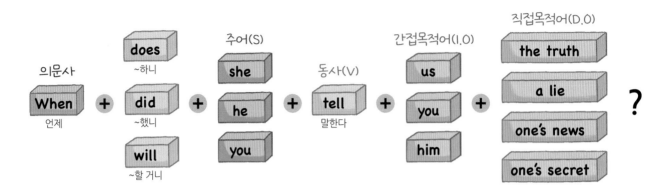

1. 그가 언제 네게 거짓말을 했어?

   ◯ ⬜⬜ ⬜⬜ ⬜⬜ ⬜⬜ ⬜⬜ ⬜⬜ ?

   💬 Last night.

2. 너는 언제 그에게 그 사실을 말할 거야?

   ◯ ⬜⬜ ⬜⬜ ⬜⬜ ⬜⬜ ⬜⬜ ⬜⬜ ?

   💬 Tomorrow.

3. 그녀가 언제 우리에게 그녀의 비밀을 말했지?

   ◯ ⬜⬜ ⬜⬜ ⬜⬜ ⬜⬜ ⬜⬜ ⬜⬜ ?

   💬 Last week.

4. 그는 언제 너에게 그의 소식을 말해주니?

   ◯ ⬜⬜ ⬜⬜ ⬜⬜ ⬜⬜ ⬜⬜ ⬜⬜ ?

   💬 Every night.

④ Why 의문문

이번에는 '이유'를 물어볼 때 쓰는 의문사 Why로 문장을 만들어 볼까요? 마찬가지로 Why는 의문문 맨 앞에 붙여 주어야 해요.

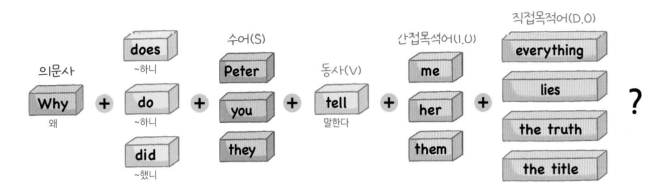

1. 너는 왜 내게 거짓말을 하니?

   ◯ _____ ?

   To please you.

2. 피터는 왜 그들에게 그 사실을 말해 주었니?

   ◯ _____ ?

   To surprise them.

3. 그들은 왜 그녀에게 그 제목을 말해 주었니?

   ◯ _____ ?

   To get some information.

4. 피터는 왜 그에게 모든 것을 말하는 거지?

   ◯ _____ ?

   To get help.

동사 ask를 이용하여 문장을 만들어 보세요.

~에게 …을 묻는다	ask
	asks
~에게 …을 물었다	asked
~에게 …을 물어볼 것이다	will ask

긍정문

1. 나는 그들에게 너에 관해 모두 다 물어본다.

   ○ [ ] [ ] [ ] [ ] about you .

2. 그는 내게 그 책의 제목을 물어봤다.

   ○ [ ] [ ] [ ] of the book .

3. 너는 내게 그것에 관해 모두 다 물어봤어.

   ○ [ ] [ ] [ ] [ ] [ ] .

4. 나는 그녀에게 그 프로그램의 제목을 물어볼 것이다.

   ○ [ ] [ ] [ ] [ ] [ ] .

5. 피터는 그에게 그녀의 이름을 조용히 물어봤다.

   ○ [ ] [ ] [ ] [ ] [ ] .

6. 헬렌과 잭은 매일 우리에게 몇 가지 질문을 한다.

   ○ [ ] [ ] [ ] [ ] .

~에게 …을 묻지 않는다	don't ask
	doesn't ask
~에게 …을 묻지 않았다	didn't ask
~에게 …을 물어보지 않을 것이다	won't ask

부정문

1. 그는 그들에게 그 이유를 다시 물어보지 않았다.

   ○ ▭ ▭ ▭ ▭ ▭ .

2. 헬렌과 나는 그에게 그의 생각을 매번 물어보지 않을 것이다.

   ○ ▭ ▭ ▭ ▭ ▭ .

3. 그들은 내게 너에 관해서 아무것도 물어보지 않았다.

   ○ ▭ ▭ ▭ anything ▭ .

4. 그녀는 우리에게 그 영화에 관해 아무것도 묻지 않았다.

   ○ ▭ ▭ ▭ ▭ ▭ .

5. 너희는 그들에게 그녀에 관해서는 아무것도 안 묻는구나.

   ○ ▭ ▭ ▭ ▭ ▭ .

6. 피터는 그녀에게 그 그림의 제목을 물어보지 않을 것이다.

   ○ ▭ ▭ ▭ ▭ ▭ .

의문문

1. 너는 그에게 그의 이름을 물어볼 거야?

➡ ⬜ ⬜ ⬜ ⬜ ⬜ ?

2. 그들이 너에게 너의 성공의 비밀을 물어보니?

➡ ⬜ ⬜ ⬜ ⬜ ⬜ of your success ?

3. 헬렌이 네게 나에 관해 무엇이든 물어보니?

➡ ⬜ ⬜ ⬜ ⬜ ⬜ ⬜ ?

4. 잭이 그녀에게 그 노래 제목을 물어볼까?

➡ ⬜ ⬜ ⬜ ⬜ ⬜ ⬜ ?

5. 너는 언제 그들에게 그 결과를 물어봤니?

➡ ⬜ ⬜ ⬜ ⬜ ⬜ ⬜ ?

6. 너는 왜 내게 그 이유를 물어봤어?

➡ ⬜ ⬜ ⬜ ⬜ ⬜ ⬜ ?

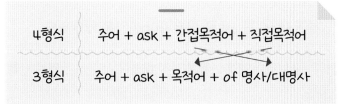

| 4형식 | 주어 + ask + 간접목적어 + 직접목적어 |
| 3형식 | 주어 + ask + 목적어 + of 명사/대명사 |

ask ~ of 형태는 주로 question(질문),
favor(부탁)를 목적어로 쓴답니다.
이때 ask는 '묻다, 요청하다'라는 의미에요.

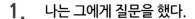

변신 문장 만들기

1. 나는 그에게 질문을 했다.

4형식   .

3형식   .

2. 잭은 나에게 부탁을 한다.

4형식   .

3형식   .

3. 그들은 그녀에게 몇 가지 질문을 할 것이다.

4형식   .

3형식   .

4. 우리는 그들에게 도움을 청했다.

4형식   .

3형식   .

A. 우리말 뜻에 알맞게 동사 tell과 ask를 이용하여 빈칸을 채우세요.

1.

~에게 …을 말한다	~에게 …을 말하지 않는다	~에게 …을 말하니?
_____ / tells	_____/doesn't tell	Do/_____ ~ tell?
~에게 …을 말했다	~에게 …을 말하지 않았다	~에게 …을 말했니?
_____	_____ tell	Did ~ _____ ?
~에게 …을 말할 것이다	~에게 …을 말하지 않을 것이다	~에게 …을 말할 거니?
will _____	_____	Will ~ _____ ?

2.

~에게 …을 묻는다	~에게 …을 묻지 않는다	~에게 …을 묻니?
ask / _____	don't/_____ ask	_____ /Does ~ ask?
~에게 …을 물었다	~에게 …을 묻지 않았다	~에게 …을 물어봤니?
_____	_____	Did ~ _____ ?
~에게 …을 물어볼 것이다	~에게 …을 묻지 않을 것이다	~에게 …을 물어볼 거니?
_____ ask	_____	_____ ~ _____ ?

B. 주어진 단어를 순서대로 배열해 보세요.

> 문장의 첫 글자는 대문자로 쓰고, 문장 끝에 문장 부호를 쓰세요.

3.   him | tell | nothing | we

_____

4.   tells | a | he | me | joke

_____

5.   don't | everything | tell | her | they

_____

6.   her | the | ask | will | I | title

_____

C. 주어진 문장을 지시대로 바꾸어 쓰세요.

7. Jack told us a riddle.

   의문문 ▶

8. Tell her the result.

   부정문 ▶

9. Does Helen tell you lies?

   평서문 ▶

10. He didn't ask them the reason again.

    긍정문 ▶

D. 주어진 단어들을 이용하여 우리말에 맞게 문장을 완성해 보세요.

11. 나는 그에게 나의 비밀을 조용히 말해 주었다. ·················· secret │ quietly

    ▶

12. 그녀는 그들에게 아무것도 말하지 않았다. ················· to them

    ▶

13. 그들은 그녀에게 몇 가지 질문을 할 것이다. ················· questions

    ▶

맞힌 개수 :

/13 개

재료 준비하기 본 학습에 들어가기 전에 다음 단어들을 꼭 기억해 두세요.

명사

- 의복 -

- ✓ clothes 옷
- ◯ pants 바지
- ◯ T-shirt 티셔츠
- ◯ cap (테 없는) 모자
- ◯ watch 시계
- ◯ shoes 신발
- ◯ backpack 배낭, 책가방

- 음식 -

- ◯ lunch 점심
- ◯ milk 우유
- ◯ juice 주스
- ◯ ice cream 아이스크림
- ◯ chocolate 초콜릿
- ◯ hot dog 핫도그
- ◯ sandwich 샌드위치
- ◯ fried chicken 후라이드 치킨

- 요일 -

- ◯ Monday 월요일
- ◯ Saturday 토요일
- ◯ Sunday 일요일

- 장소 -

- ◯ mall 쇼핑몰
- ◯ store 가게
- ◯ cafeteria 카페테리아
- ◯ supermarket 슈퍼마켓

buy

단어 & 문장 듣기

형용사

○ department store
백화점

- 가족, 친척 관계 -
○ father 아버지
○ mother 어머니
○ parents 부모
○ aunt 이모, 고모
○ uncle 이모부, 고모부, 삼촌
○ cousin 사촌

○ grandparents 조부모

- 사물, 동물 -
○ bike 자전거
○ ticket 표, 티켓
○ computer 컴퓨터
○ jump rope 줄넘기
○ cell phone 휴대폰
○ pet 반려동물

○ last 지난
○ next 다음의

- 지시 형용사 -
○ this 이 (복수형 : these)
○ that 저 (복수형 : those)

문장의 뼈대 만들기

ⅠI buy와 don't buy
buys와 doesn't buy

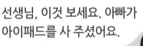 개념 쏙쏙 부모님이나 선생님, 친구와 역할을 나눠서 읽어 보세요.

① 선생님, 이것 보세요. 아빠가 아이패드를 사 주셨어요.

와, 멋진데요! 동사 buy가 떠오르네요.

② buy는 '무엇무엇을 사다'라는 뜻으로 3형식 문장 뼈대에 쓰잖아요.

주어 + buy + 목적어

③ Right! 동사 buy는 두 개의 목적어를 필요로 하는 뼈대도 가능해요.

정말이요? 영어 동사들은 모두 이렇게 여러 가지 뼈대로 쓰이나요?

④ 그래요. 많은 동사들이 여러 가지 뼈대 구조를 갖고 있어요. be동사도 1, 2권에서 쓰이는 구조가 달랐죠?

⑤ 넵! 그럼 오늘 배우는 buy는 '누구에게'와 '무엇을'의 목적어 두 개가 필요한 거죠? 주어가 복수일 때는 buy, 단수일 때는 buys를 쓰면 되겠네요?

주어 + buy +
간접목적어 + 직접목적어
(~에게)　　(~을)

⑥ Good. '아빠가 내게 점심을 사 주신다.'를 어떻게 말할까요?

Dad buys me a lunch. 맞죠?

⑦ 하하, 잘했어요! 다만, lunch 앞에는 a를 써 주지 않아요.

어, 왜요? 한 끼, 두 끼라고 말하잖아요.

⑧ 영어는 식사명 breakfast, lunch, dinner 앞에 a/an을 쓰지 않아요.

그럼 Dad buys me lunch.

⑨ Good job!

헤! 그럼 먹는 건 모두 a/an을 못 붙여요?

⑩ chocolate, ice cream이나 음료인 juice, milk 같은 건 셀 수 없어서 a/an을 안 붙여요. 보통 약간을 나타낼 때 some과 함께 써 줘요. 단, 자르지 않은 피자나 통 케이크는 셀 수 있어요.

a/an을 안 붙여요.

a/an을 붙일 수 있어요.

주어 + buy + 간접목적어 + 직접목적어

동사 buy 뒤에도 역시 두 개의 목적어가 올 수 있어요. 이때 buy는 '~에게 …을 사 준다'라는 의미에요. 동사 buy 뒤에 받는 사람을 먼저 쓰고 그 뒤에 무엇을 사 주는지를 써 줘요.

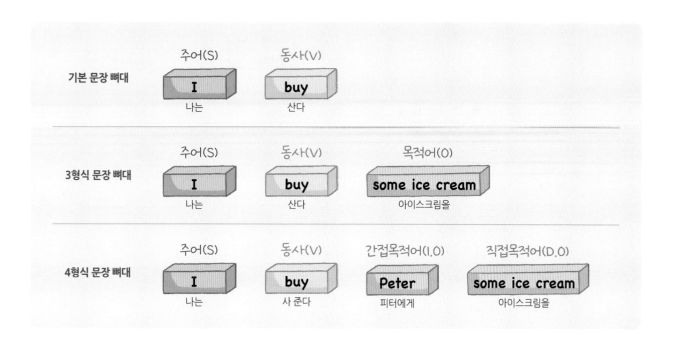

시제가 바뀔 때는 문장 뼈대는 그대로 있고 동사만 모양이 바뀌어요.

주어가 3인칭일 때
She **buys** Peter some ice cream.
그녀는 피터에게 아이스크림을 사 준다.

과거의 일을 말할 때
She **bought** Peter some ice cream.
그녀는 피터에게 아이스크림을 사 주었다.

미래의 일을 말할 때
She **will buy** Peter some ice cream.
그녀는 피터에게 아이스크림을 사 줄 것이다.

정리착착 단어 블록의 변화를 보면서 문장 구조를 정리해 보세요.

① buy 사 준다

주어가 I, You, We, They 또는 복수 명사일 때는 동사로 buy를 써요. buy 뒤에 목적어를 두 개 쓸 수 있어요. 이때 buy는 '~에게 …을 사 준다'는 뜻이에요.

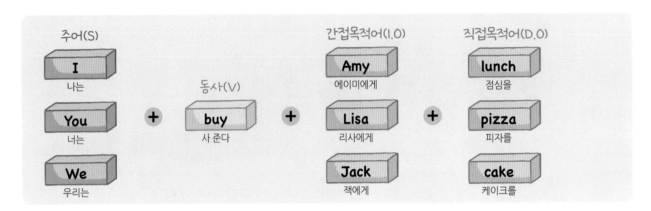

주어(S)		동사(V)		간접목적어(I.O)		직접목적어(D.O)
I 나는		buy 사 준다		Amy 에이미에게		lunch 점심을
You 너는	+		+	Lisa 리사에게	+	pizza 피자를
We 우리는				Jack 잭에게		cake 케이크를

나는 에이미에게 점심을 **사 준다**.   I **buy** Amy lunch.

너는 리사에게 피자를 **사 준다**.   You **buy** Lisa pizza.

우리는 잭에게 케이크를 **사 준다**.   We **buy** Jack cake.

> ❗ lunch(점심 식사), dinner(저녁 식사)와 같은 식사명 앞에는 a/an/the를 붙이지 않아요.

② don't buy 사 주지 않는다

주어가 I, You, We, They 또는 복수 명사이고, '사 주지 않는다'는 의미일 때는 buy 앞에 do not 또는 don't를 붙여 써요.

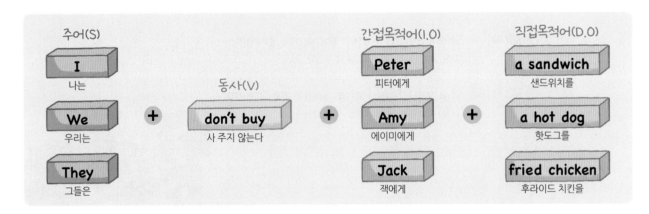

주어(S)		동사(V)		간접목적어(I.O)		직접목적어(D.O)
I 나는		don't buy 사 주지 않는다		Peter 피터에게		a sandwich 샌드위치를
We 우리는	+		+	Amy 에이미에게	+	a hot dog 핫도그를
They 그들은				Jack 잭에게		fried chicken 후라이드 치킨을

나는 피터에게 샌드위치를 **사 주지 않는다**.   I **don't buy** Peter a sandwich.

우리는 에이미에게 핫도그를 **사 주지 않는다**.   We **don't buy** Amy a hot dog.

그들은 잭에게 후라이드 치킨을 **사 주지 않는다**.   They **don't buy** Jack fried chicken.

직접목적어(D.O)

lunch
pizza
cake
a sandwich
a hot dog
fried chicken

주어(S)

I
You
We
They

동사(V)

buy
don't buy

간접목적어(I.O)

Amy
Lisa
Jack
Peter

1. 나는 리사에게 샌드위치를 사 준다.

| 나는 | 사 준다 | 리사에게 | 샌드위치를 |

2. 우리는 에이미에게 피자를 사 주지 않는다.

| 우리는 | 사 주지 않는다 | 에이미에게 | 피자를 |

3. 나는 잭에게 점심을 사 주지 않는다.

| 나는 | 사 주지 않는다 | 잭에게 | 점심을 |

4. 그들은 피터에게 핫도그를 사 준다.

| 그들은 | 사 준다 | 피터에게 | 핫도그를 |

5. 네가 에이미에게 후라이드 치킨을 사는 거야.

| 너는 | 사 준다 | 에이미에게 | 후라이드 치킨을 |

6. 그들은 리사에게 케이크를 사 주지 않는다.

| 그들은 | 사 주지 않는다 | 리사에게 | 케이크를 |

③ **buys** 사 준다

주어로 He, She, It 또는 단수 명사가 오면 '~에게 …을 사 준다'는 뜻을 나타낼 때 buys를 써요.
셀 수 없는 명사는 복수 형태가 없어요. 따라서 '약간, 조금'이란 뜻의 some 뒤에 셀 수 없는 명사가 오면
단수형 그대로 써요.

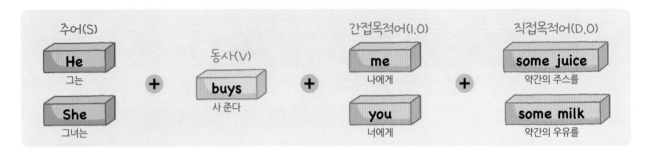

그는 내게 주스를 **사 준다**.   He **buys** me some juice.

그녀는 너에게 우유를 **사 준다**.   She **buys** you some milk.

④ **doesn't buy** 사 주지 않는다

주어로 He, She, It 또는 단수 명사가 오면 '사 주지 않는다'고 할 때 does not[doesn't] buy로 써요.
not이 들어간 부정문이나 의문문에서는 some 대신에 any를 써요.

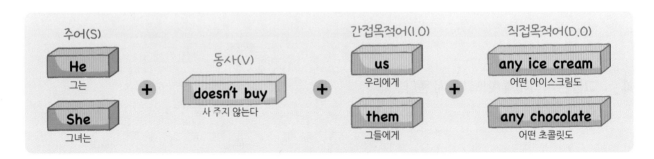

그는 우리에게 아이스크림을 **사 주지 않는다**.   He **doesn't buy** us any ice cream.

그녀는 그들에게 초콜릿을 **사 주지 않는다**.   She **doesn't buy** them any chocolate.

> ❗ 셀 수 없는 음식 표현하기
> ① 복수형 없이 늘 단수형으로 써요.
> ② a/an을 붙이지 않아요.
> ③ 양을 나타낼 때 some, any, much, a little, no 등과 같이 써요.

간접목적어(I.O)
me
you
him
her
us
them

직접목적어(D.O)
some/any juice
some/any milk
some/any ice cream
some/any chocolate

주어(S)
He
She

동사(V)
buys
doesn't buy

1. 그는 그녀에게 아이스크림을 사 준다.

그는	사 준다	그녀에게	약간의 아이스크림을

2. 그녀는 그에게 우유를 사 주지 않는다.

그녀는	사 주지 않는다	그에게	어떤 우유도

3. 그는 우리에게 아이스크림을 사 주지 않는다.

그는	사 주지 않는다	우리에게	어떤 아이스크림도

4. 그녀는 그들에게 주스를 사 준다.

그녀는	사 준다	그들에게	약간의 주스를

5. 그녀는 내게 초콜릿을 사 준다.

그녀는	사 준다	내게	약간의 초콜릿을

6. 그는 너에게 주스를 사 주지 않아.

그는	사 주지 않는다	너에게	어떤 주스도

문장의 뼈대 만들기 　Ⅱ bought와 didn't buy

개념 쏙쏙 　부모님이나 선생님, 친구와 역할을 나눠서 읽어 보세요.

❶ 이번 시간에는 '샀다'라는 의미의 bought을 공부할 거예요.

불규칙 변화하는 buy의 과거형 맞죠?

❷ 맞아요! buy도 불규칙 변화를 하는 동사라서 과거형이 완전히 다르죠. 잠깐 불규칙 변화하는 동사의 과거형을 한번 복습해 볼까요?

불규칙 동사의 과거형
give – gave
send – sent
tell – told
write – wrote
buy – bought
bring – brought

❸ bought는 어떤 뼈대로 문장을 만들까요?

bought도 목적어가 두 개 필요해요.

주어 + bought +
간접목적어 + 직접목적어
(~에게)　　　 (~을)

❹ Good! 첫 번째 문제! '삼촌이 내게 이 가방을 사 주셨다.'는 어떻게 표현할까요? 영어에서는 보통 자신의 가족이나 친척을 나타내는 말 앞에는 my를 써 줘요.

음… My uncle bought this backpack.이라고 하면 되죠?

❺ 누구에게 사 준 거죠?

앗! me가 빠졌네요.

❻ My uncle bought me this backpack.

That's right!

❼ 나의 가족, 친척을 언급할 때 my(나의)를 영어로는 쓰지만, 우리말로 해석하지 않는 게 자연스러워요. Dad, Grandma 등은 my 없이 쓸 수 있어요.

❽ 그럼, 아빠가 사 주신 경우, Dad bought me this backpack.

❾ Wonderful! 자, 그럼 '사 주지 않았다'는 동사를 어떻게 쓸까요?

음 bought의 부정 이니깐 didn't bought? 아니다! didn't에 이미 과거의 의미가 들어 있으니까… didn't buy!

❿ 그래서 My uncle didn't buy me this backpack.

❶ bought 사 주었다

buy의 과거형 동사 bought는 주어에 상관없이 쓸 수 있어요. 지시 형용사 this와 these는 가까이에 있는 것을, that과 those는 멀리 있는 것을 가리킬 때 써요.

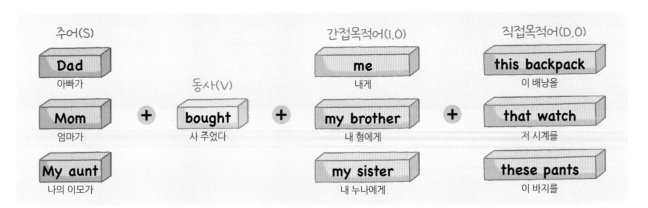

아빠가 내게 이 배낭을 **사 주셨다**.

엄마가 형에게 저 시계를 **사 주셨다**.

이모가 누나에게 이 바지를 **사 주셨다**.

Dad **bought** me this backpack.

Mom **bought** my brother that watch.

My aunt **bought** my sister these pants.

> this(이), that(저) 뒤에는 단수 명사를,
> these(이), those(저) 뒤에는 복수 명사를 써요.

❷ didn't buy 사 주지 않았다

'사 주지 않았다'고 말할 때는 buy 앞에 did not 또는 didn't를 써요.

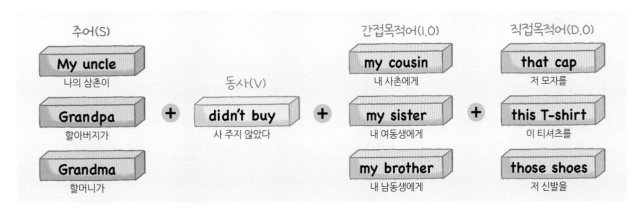

삼촌이 사촌에게 저 모자를 **사 주지 않으셨다**.

할아버지가 여동생에게 이 티셔츠를 **사 주지 않으셨다**.

할머니가 남동생에게 저 신발을 **사 주지 않으셨다**.

My uncle **didn't buy** my cousin that cap.

Grandpa **didn't buy** my sister this T-shirt.

Grandma **didn't buy** my brother those shoes.

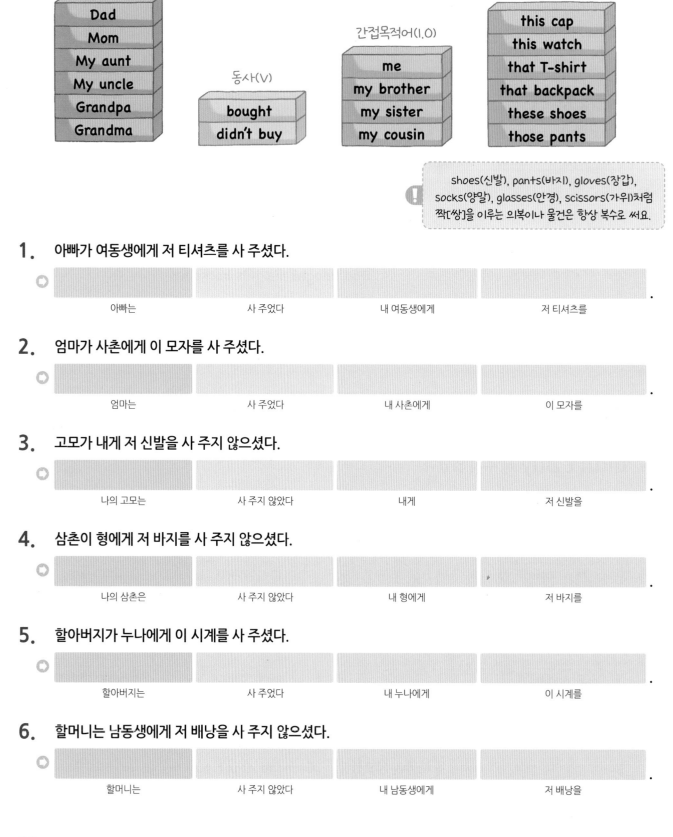

연습팍팍 각각의 블록을 합체하여 문장을 만들어 보세요.

주어(S)

Dad
Mom
My aunt
My uncle
Grandpa
Grandma

동사(V)

bought
didn't buy

간접목적어(I.O)

me
my brother
my sister
my cousin

직접목적어(D.O)

this cap
this watch
that T-shirt
that backpack
these shoes
those pants

> shoes(신발), pants(바지), gloves(장갑), socks(양말), glasses(안경), scissors(가위)처럼 짝[쌍]을 이루는 의복이나 물건은 항상 복수로 써요.

1. 아빠가 여동생에게 저 티셔츠를 사 주셨다.

아빠는	사 주었다	내 여동생에게	저 티셔츠를

2. 엄마가 사촌에게 이 모자를 사 주셨다.

엄마는	사 주었다	내 사촌에게	이 모자를

3. 고모가 내게 저 신발을 사 주지 않으셨다.

나의 고모는	사 주지 않았다	내게	저 신발을

4. 삼촌이 형에게 저 바지를 사 주지 않으셨다.

나의 삼촌은	사 주지 않았다	내 형에게	저 바지를

5. 할아버지가 누나에게 이 시계를 사 주셨다.

할아버지는	사 주었다	내 누나에게	이 시계를

6. 할머니는 남동생에게 저 배낭을 사 주지 않으셨다.

할머니는	사 주지 않았다	내 남동생에게	저 배낭을

개념 쏙쏙 부모님이나 선생님, 친구와 역할을 나눠서 읽어 보세요.

❶
이번에는 will buy를 공부할 거예요.

will buy는 '사 줄 것이다'라는 뜻이죠?

❷
Right! 자, will buy의 문장 뼈대를 한번 말해 봐요.

그건 쉽죠!

❸

주어 + will buy +

간접목적어 + 직접목적어
(~에게)　　　(~을)

❸
오늘 문제는 제가 내 볼게요. '부모님이 내게 핸드폰을 사 주실 것이다.'

하하. 민준이가 핸드폰을 갖고 싶군요.

❹
네네… 근데 어리다고 안 사 주세요. 제가 해 볼게요.
My parents will buy me a handphone.

❺
Good! 그런데 핸드폰은 콩글리쉬에요. 바른 표현은 cell phone 또는 mobile phone이죠.

어이쿠… 콩글리쉬가 뭐예요? 콩으로 뭘 만드셨다구요?

❻
콩글리쉬는 Korean English를 줄여서 만든 용어인데 한국인들은 사용하지만 원어민들은 사용하지 않는 표현들이에요. '핸드폰, 아이쇼핑, 백미러, 컨닝'과 같은 것들이 모두 콩글리쉬에요.

Korean + English
↓
Konglish

❼
아하! 너무 재미있네요. 전 그런 말들이 다 영어인 줄 알았는데…

컨닝 → cheating
아르바이트 → part - time job
호치키스 → stapler
깁스 → cast
파이팅! → Go for it!
아이쇼핑 → window shopping

❽
그럼 My parents will buy me a cell phone.

Great!

❾
그러나 현실은 이래요.
My parents won't buy me a cell phone.

1 will buy 사 줄 것이다

'사 줄 것이다'라고 말할 때는 buy 앞에 will을 붙여 will buy로 써요.

아버지가 내게 옷을 **사 주실 것이다**.

너의 어머니가 네게 컴퓨터를 **사 주실 거야**.

우리 조부모님은 우리에게 자전거를 **사 주실 것이다**.

My father **will buy** me clothes.

Your mother **will buy** you a computer.

Our grandparents **will buy** us a bike.

> 단수 형태의 cloth는 '옷감, 천'이라는 뜻이고,
> '옷'을 나타낼 때는 항상 복수형인 clothes를 써요.

2 won't buy 사 주지 않을 것이다

'사 주지 않을 것이다'라고 할 때는 will not 또는 줄임말 won't를 buy 앞에 써요.

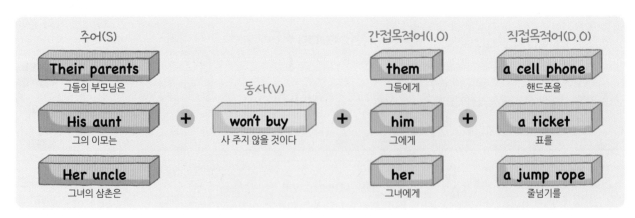

그들의 부모님은 그들에게 핸드폰을 **사 주시지 않을 것이다**.

그의 이모는 그에게 표를 **사 주시지 않을 것이다**.

그녀의 삼촌은 그녀에게 줄넘기를 **사 주시지 않을 것이다**.

Their parents **won't buy** them a cell phone.

His aunt **won't buy** him a ticket.

Her uncle **won't buy** her a jump rope.

연습 팍팍   각각의 블록을 합체하여 문장을 만들어 보세요.

주어(S)

One's mother
One's father
One's grandparents
One's parents
One's aunt
One's uncle

동사(V)

will buy
won't buy

간접목적어(I.O)

me
you
us
them
him
her

직접목적어(D.O)

clothes
a bike
a computer
a cell phone
a ticket
a jump rope

1. 그녀의 숙모는 그녀에게 컴퓨터를 사 주시지 않을 것이다.

   | | | | |
   | 그녀의 숙모는 | 사 주지 않을 것이다 | 그녀에게 | 컴퓨터를 |

2. 어머니는 내게 자전거를 안 사 주실 것이다.

   | | | | |
   | 나의 어머니는 | 사 주지 않을 것이다 | 내게 | 자전거를 |

3. 우리 부모님은 우리에게 줄넘기를 사 주실 것이다.

   | | | | |
   | 우리 부모님은 | 사 줄 것이다 | 우리에게 | 줄넘기를 |

4. 그들의 조부보님은 그늘에게 옷을 사 주실 것이다.

   | | | | |
   | 그들의 조부모님은 | 사 줄 것이다 | 그들에게 | 옷을 |

5. 그의 삼촌은 그에게 핸드폰을 사 주실 것이다.

   | | | | |
   | 그의 삼촌은 | 사 줄 것이다 | 그에게 | 핸드폰을 |

6. 네 아버지께서는 네게 표를 사 주시지 않을 거야.

   | | | | |
   | 너의 아버지는 | 사 주지 않을 것이다 | 너에게 | 표를 |

Step 2
문장에 살 붙이기

개념 쏙쏙 부모님이나 선생님, 친구와 역할을 나눠서 읽어 보세요.

① 선생님! 이거 보세요. 아버지가 쇼핑몰에서 사 주신 시계예요!

멋진데요~

② 방금 막 민준이가 한 말을 영어로 표현해 볼까요? '쇼핑몰에서'라는 표현으로 at the mall을 써 봐요. 이때 at은 장소를 나타내는 전치사예요.

③ in도 장소를 나타내잖아요. at과 헷갈려요.

④ 그렇죠? 장소를 나타내는 표현들이 여러 가지 있어요. 전치사를 익힐 때는 그 뒤의 명사와 함께 연습하면 좋아요.

at	in
특정 위치, 좁은 장소를 나타낼 때	더 넓은 장소, 내부를 나타낼 때
at the bus stop: 버스 정거장에서 **at the airport**: 공항에서 **at the supermarket**: 슈퍼마켓에서 **at the mall**: 쇼핑몰에서	**in the world**: 세계에서 **in the country**: 나라에서 **in the city**: 도시에서 **in the room**: 방 안에서

⑤ 네. 그럼 My father bought me a watch at the mall. 이라고 하면 되네요.

That's right!

at + 장소 명사
~에

⑥ 하나 더 연습해 볼까요? '아버지가 시계를 지난주 일요일에 사 주셨다.'라고 시간 표현을 덧붙여 보세요.

⑦ 지난주 일요일은 last Sunday, 그리고 요일 앞에는 on을 쓰니깐 on last Sunday라고 하나요?

this, last, every 등이 붙는 표현은 전치사가 필요 없어요.

⑧ 아, 그럼 My father bought me a watch last Sunday.

every Saturday 토요일마다
last Saturday 지난주 토요일에
this Saturday 이번 주 토요일에
next Saturday 다음 주 토요일에

① 장소 부사구

물건을 어디에서 샀는지 말하고 싶을 때는 문장 끝에 장소 부사구를 덧붙여 표현할 수 있어요. 장소 명사 앞에 붙는 at은 '~에서'라는 뜻의 전치사예요.

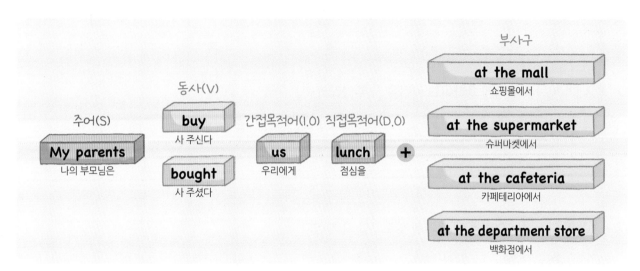

부모님은 **카페테리아에서** 우리에게 점심을 사 주신다.

부모님이 **백화점에서** 우리에게 점심을 사 주셨다.

My parents buy us lunch **at the cafeteria**.

My parents bought us lunch **at the department store**.

② 시간 부사구

언제 샀는지도 덧붙여 말하고 싶다면 역시 부사구를 활용할 수 있어요. last는 항상 과거 시제와, next는 미래 시제와 함께 쓰이는 표현이에요.

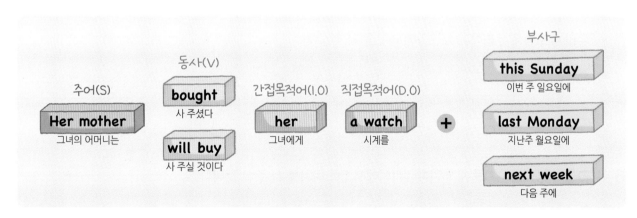

그녀의 어머니가 **지난주 월요일에** 그녀에게 시계를 사 주셨다.

그녀의 어머니는 **다음 주에** 그녀에게 시계를 사 주실 것이다.

Her mother bought her a watch **last Monday**.

Her mother will buy her a watch **next week**.

1. 내가 다음 주에 너에게 주스를 사 줄게.

   I / you / will buy / next week / some juice

   문장의 첫 글자는 대문자로 쓰고, 문장 끝에 마침표를 찍으세요.

   ○ ....

2. 네가 지난주에 내게 후라이드 치킨을 사 주었잖아.

   fried chicken / you / last week / me / bought

   ○ ....

3. 그의 아버지는 이번 주에 그에게 핫도그를 사 주셨다.

   a hot dog / bought / this week / his father / him

   ○ ....

4. 그녀의 어머니는 그 가게에서 그녀에게 케이크를 사 주신다.

   at the store / cake / her mother / buys / her

   ○ ....

5. 우리 부모님은 우리에게 쇼핑몰에서 옷을 사 주신다.

   clothes / our parents / us / at the mall / buy

   ○ ....

6. 그들의 부모님은 그들에게 카페테리아에서 샌드위치를 사 주실 것이다.

   at the cafeteria / will buy / some sandwiches / them / their parents

   ○ ....

7. 우리는 카페테리아에서 리사에게 아이스크림을 사 주지 않는다.

at the cafeteria / don't buy / Lisa / any ice cream / we

8. 그들은 지난주 토요일에 우리에게 피자 한 판을 사 주지 않았다.

they / us / didn't buy / last Saturday / a pizza

> 피자 한 판이나
> 통 케이크는
> a pizza, a cake
> 라고 해요.

9. 고모는 이번 주 월요일에 내 사촌에게 표를 사 주지 않을 것이다.

the ticket / my aunt / my cousin / this Monday / won't buy

10. 삼촌은 슈퍼마켓에서 피터에게 초콜릿을 사 주지 않는다.

doesn't buy / my uncle / any chocolate / Peter / at the supermarket

11. 그녀의 부모님은 헬렌에게 백화점에서 자전거를 사 주시지 않았다.

Helen / didn't buy / at the department store / her parents / a bike

12. 그의 조부모님은 다음 주 일요일에 피터에게 배낭을 사 주지 않을 것이다.

a backpack / next Sunday / his grandparents / won't buy / Peter

Step 3
변신 문장 만들기

개념 쏙쏙 부모님이나 선생님, 친구와 역할을 나눠서 읽어 보세요.

❶

이제 buy 문장을 변신시킬 차례죠?

이번에도 목적어를 하나 줄여 볼까요?

❷

buy도… to라는 선물을 주면 되나요?

아뇨. buy, make, get과 같은 동사는 for와 함께 써요. 이때 for는 '~을 위해'라는 뜻이죠. 뭔가 사 주거나 만들어 주는 것은 '누군가를 위해' 하는 일이니까 for가 이런 동사들과 잘 어울려요.

주어 + buy + 목적어 + for 명사
(원래는 직접목적어) (원래는 간접목적어)

My uncle bought this backpack for me.

❸
Excellent! Challenge! 코너에서 배울 동사 bring은 이사 선물로 to를 줘요.

주어 + bring + 목적어 + to 명사
(원래는 직접목적어) (원래는 간접목적어)

❹

주어를 생략하는 명령문도 연습해 봐요. 민준이가 부모님께 뭘 사 달라고 할 때 어떻게 표현하면 될까요?

❺

그야…졸라야죠. 공손하게… 그럴 때는 문장에 please를 붙이면 되는 거죠?

❻

Great! 핸드폰을 갖고 싶다고 했죠? '제게 핸드폰을 사 주세요.'라고 표현해 볼까요?

Buy me a cell phone, please.

❼

저, 갖고 싶은 게 아주 많아요! 집에 가서 부모님께 다 말씀드릴 거예요.

Please buy me a bike.
Please buy me a computer.
Please buy me some ice cream.

❶ 목적어를 하나로 줄이기

'~에게 …을 사 준다'라는 표현도 역시 다르게 표현하는 방법이 있어요. 바로 '~에게'에 해당하는 말(간접목적어)을 '…을'에 해당하는 말(직접목적어) 뒤로 옮기는 거예요. 이때 간접목적어 앞에 꼭 '~을 위해'라는 뜻의 전치사 for를 넣어 주어야 해요. 이렇게 바꾼 문장은 3형식 문장에 속한다는 거 알죠?

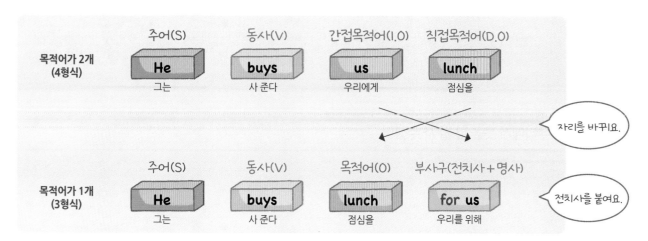

그가 **우리에게 점심을** 사 준다.

He buys **us lunch**.

= He buys **lunch for us**.

buy, make, get과 같은 동사는 간접목적어를 뒤로 보낼 때 간접목적어 앞에 전치사 for를 써요.

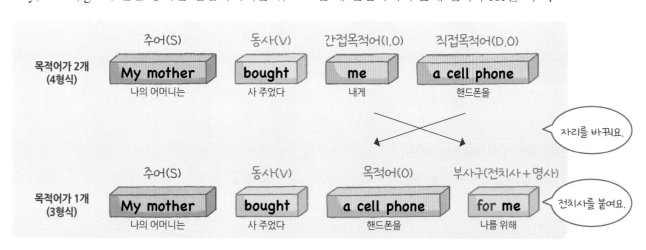

어머니는 **내게 핸드폰을** 사 주셨다.

My mother bought **me a cell phone**.

= My mother bought **a cell phone for me**.

1. 나는 그에게 주스를 사 준다.

4형식				some juice
	나는	사 준다	그에게	약간의 주스를

3형식				for him
	나는	사 준다	약간의 주스를	그를 위해

2. 아빠가 우리에게 옷을 몇 벌 사 주셨어.

4형식				
	아빠가	사 주었다	우리에게	옷 몇 벌을

3형식				
	아빠가	사 주었다	옷 몇 벌을	우리를 위해

3. 어머니가 내게 컴퓨터를 사 주실 거야.

4형식				
	나의 어머니가	사 줄 것이다	내게	컴퓨터를

3형식				
	나의 어머니가	사 줄 것이다	컴퓨터를	나를 위해

4. 삼촌이 내게 저 시계를 사 주셨어.

4형식				
	나의 삼촌이	사 주었다	내게	저 시계를

3형식				
	나의 삼촌이	사 주었다	저 시계를	나를 위해

5. 조부모님은 내게 초콜릿을 안 사 주신다.

4형식

나의 조부모님은 　　　 사 주지 않는다 　　　 내게 　　　 어떤 초콜릿도

3형식

나의 조부모님은 　　　 사 주지 않는다 　　　 어떤 초콜릿도 　　　 나를 위해

6. 그의 부모님은 그에게 자전거를 사 주지 않으실 것이다.

4형식

그의 부모님은 　　　 사 주지 않을 것이다 　　　 그에게 　　　 자전거를

3형식

그의 부모님은 　　　 사 주지 않을 것이다 　　　 자전거를 　　　 그를 위해

7. 그녀는 그들에게 아이스크림을 안 사 준다.

4형식

그녀는 　　　 사 주지 않는다 　　　 그들에게 　　　 어떤 아이스크림도

3형식

그녀는 　　　 사 주지 않는다 　　　 어떤 아이스크림도 　　　 그들을 위해

8. 고모가 저 신발을 남동생에게 안 사 주셨어.

4형식

나의 고모는 　　　 사 주지 않았다 　　　 내 남동생에게 　　　 저 신발을

3형식

나의 고모는 　　　 사 주지 않았다 　　　 저 신발을 　　　 내 남동생을 위해

정리착착 단어 블록의 변화를 보면서 문장 구조를 정리해 보세요.

② 명령문 만들기

이제 '사라'라는 의미를 나타내는 '명령문'을 배울 거예요. 명령문은 바로 동사원형으로 시작해서 쓴답니다.
명령문은 상대방에게 직접 하는 말이므로 주어가 You인데, 명령문으로 말할 때는 거의 항상 생략해요.

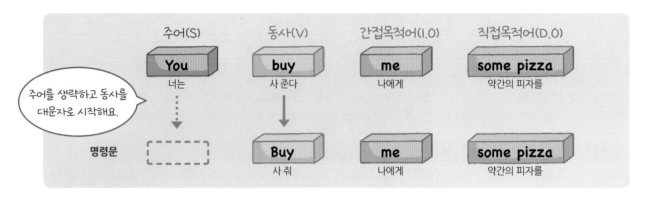

나에게 피자를 **사 줘**.　　　　　**Buy** me some pizza.

'사 주지 마'라는 뜻의 부정 명령문은 주어 없이, Don't 뒤에 동사원형 buy를 써요.

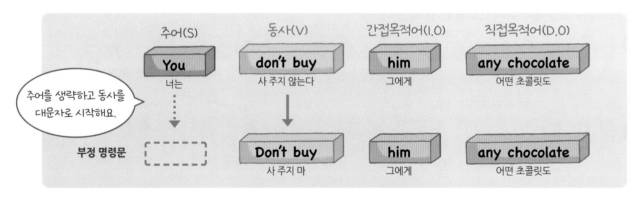

그에게 초콜릿을 **사 주지 마**.　　　　**Don't buy** him any chocolate.

1. 핫도그 하나 사 줘.

사 줘	나에게	핫도그를

2. 네 여동생에게 이 배낭을 사 줘라.

사 줘라	네 여동생에게	이 배낭을

3. 네 형에게 저 티셔츠를 사 줘.

사 줘라	네 형에게	저 티셔츠를

4. 이번 주에 제게 핸드폰을 사 주세요.

사 주세요	나에게	핸드폰을	이번 주에	부디

5. 다음 주에 우리에게 자전거를 사 주세요.

부디	사 주세요	우리에게	자전거를	다음 주에

6. 그들에게 쇼핑몰에서 뭘 좀 사 주세요.

사 주세요	그들에게	어떤 것을	쇼핑몰에서	부디

7. 네 남동생에게 슈퍼마켓에서 초콜릿을 사 주지 마라.

사 주지 마라	네 남동생에게	어떤 초콜릿도	슈퍼마켓에서

8. 네 사촌에게 그 가게에서 모자를 사 주지 마.

사 주지 마라	네 사촌에게	모자를	그 가게에서

> 문장 앞이나 끝에 please를 붙이면 좀 더 공손한 표현이 됩니다.
> 문장 끝에 쓸 때는 please 앞에 콤마(,)를 붙여 주세요.

Step 4
의문문 만들기

① 의문사 없는 의문문 Ⅰ

'~에게 …을 사 주니?'라고 물어볼 때 주어가 I, you, we, they 또는 복수 명사이고 현재 시제일 때는 주어 앞에 Do를 써요. 과거 시제일 때는 Did, 미래 시제일 때는 Will을 쓴답니다. 의문문에서는 some 대신에 any를 써 줘요.

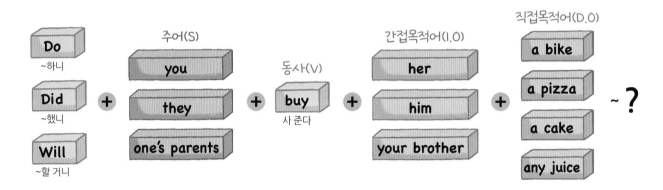

1. 너는 슈퍼마켓에서 네 남동생에게 주스를 사 주니?

    ⟳ _____ _____ _____ _____ _____ _____ ?

    No, I don't.

2. 그의 부모님이 카페테리아에서 그에게 케이크를 사 주셨니?

    ⟳ _____ _____ _____ _____ _____ ?

    No, they didn't.

3. 그들이 다음 주에 그녀에게 피자를 사 줄까?

    ⟳ _____ _____ _____ _____ _____ ?

    Yes, they will.

4. 네 부모님께서 지난주 토요일에 네 형에게 자전거를 사 주셨어?

    ⟳ _____ _____ _____ _____ _____ ?

    Yes, they did.

② 의문사 없는 의문문 Ⅱ

주어가 he, she, it 또는 단수 명사이고 현재 시제일 때는 주어 앞에 Does를 써요. 과거 시제와 미래 시제일 때는 주어에 상관없이 각각 Did, Will을 주어 앞에 쓴답니다.

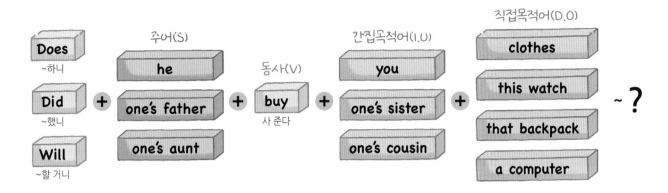

1. 그가 지난주에 나의 여동생에게 이 시계를 사 주었니?
   ○ ▯▯▯▯▯▯ ?

   Yes, he did.

2. 그녀의 고모가 다음 주 일요일에 그녀의 사촌에게 컴퓨터를 사 주실까?
   ○ ▯▯▯▯▯▯ ?

   No, she won't.

3. 네 이모가 쇼핑몰에서 네게 저 배낭[가방]을 사 주셨어?
   ○ ▯▯▯▯▯ ?

   Yes, she did.

4. 그의 아버지께서는 백화점에서 그에게 옷을 사 주시니?
   ○ ▯▯▯▯▯ ?

   No, he doesn't.

❸ When 의문문

의문사가 들어가는 의문문도 앞에서 배운 의문문과 순서가 같아요. 다만 의문사를 의문문 맨 앞에 붙여 주어야 해요. '언제' 사 주는지 물어볼 때는 의문사 When이 필요해요.

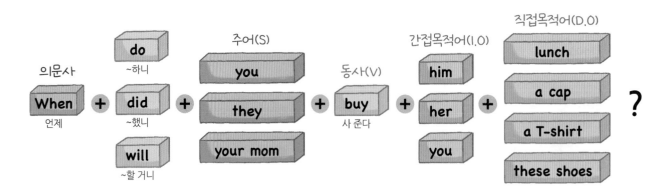

1. 그들이 언제 네게 이 신발을 사 주었니?

◎ [   ] ?

> Last weekend.

2. 너는 언제 그녀에게 점심을 사 주니?

◎ [   ] ?

> On her birthday.

3. 네 엄마가 언제 네게 티셔츠를 사 주셨니?

◎ [   ] ?

> Last month.

4. 그들이 언제 그에게 모자를 사 줄까?

◎ [   ] ?

> This Saturday.

④ Who 의문문

'누가' 사 주었는지 물어볼 때는 의문사 Who가 필요해요. 이때는 바로 주어 자리에 Who를 써 주고 뒤에 동사를 써요. 의문사 Who는 단수 주어라서 현재 시제일 때는 동사로 buys를 써요.

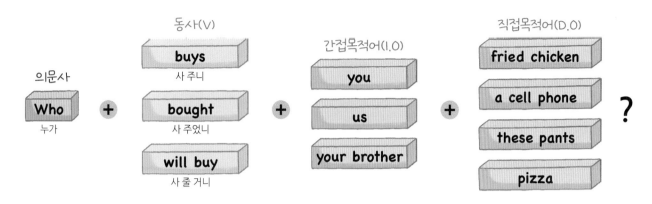

1. 누가 네게 이 바지를 사 줬어?

   ◎ [   ] ?

   My parents.

2. 누가 우리에게 피자를 사 줄까?

   ◎ [   ] ?

   Our grandparents.

3. 누가 네 남동생에게 핸드폰을 사 주었니?

   ◎ [   ] ?

   My uncle.

4. 누가 너에게 후라이드 치킨을 사 주니?

   ◎ [   ] ?

   My parents.

동사 bring을 이용하여 문장을 만들어 보세요.

~에게 …을 갖다 준다	bring
	brings
~에게 …을 갖다 주었다	brought
~에게 …을 갖다 줄 것이다	will bring

긍정문

1. 그가 내게 표를 한 장 갖다 준다.

⟹ _____ _____ _____ _____ .

2. 우리 부모님은 우리에게 후라이드 치킨을 갖다 주실 것이다.

⟹ _____ _____ _____ _____ .

3. 그들의 고모가 그들에게 아이스크림을 좀 갖다 주셨어요.

⟹ _____ _____ _____ _____ .

4. 그의 남동생이 그에게 주스를 좀 갖다 주었다.

⟹ _____ _____ _____ _____ .

5. 그녀가 이번 주에 우리에게 점심을 갖다 줄 것이다.

⟹ _____ _____ _____ _____ _____ .

6. 그녀의 삼촌이 지난주에 그녀에게 자전거를 한 대 갖다 주셨다.

⟹ _____ _____ _____ _____ _____ .

~에게 …을 갖다 주지 않는다	don't bring
	doesn't bring
~에게 …을 갖다 주지 않았다	didn't bring
~에게 …을 갖다 주지 않을 것이다	won't bring

부정문

1. 그가 우리에게 우유를 전혀 갖다 주지 않았다.

◌ ⬜⬜⬜⬜ .

2. 리사는 우리에게 그 자전거를 안 갖다 줄 것이다.

◌ ⬜⬜⬜⬜ .

3. 나는 그에게 그 줄넘기를 갖다 주지 않았다.

◌ ⬜⬜⬜⬜ .

4. 엄마는 우리에게 피자를 한 판 갖다 주시지 않을 거야.

◌ ⬜⬜⬜⬜ .

5. 그가 너에게 이 샌드위치를 안 갖다 주었구나.

◌ ⬜⬜⬜⬜ .

6. 네 누나는 네게 아무것도 안 갖다 주잖아.

◌ ⬜⬜⬜ anything .

~에게 …을 갖다 주니?

Do — bring ~ …?

Does — bring ~ …?

~에게 …을 갖다 주었니?

Did — bring ~ …?

~에게 …을 갖다 줄거니?

Will — bring ~ …?

의문문

1. 그들이 그녀에게 그 자전거를 갖다 주었니?

?

2. 너는 내게 그 표를 갖다 줄 거야?

?

3. 네 아버지는 너에게 점심을 갖다 주시니?

?

4. 네가 오늘 그에게 이 배낭을 갖다 줄 거야?

?

5. 그녀가 언제 너에게 그 옷을 갖다 줬어?

?

6. 누가 너에게 이 핫도그를 갖다 줬어?

?

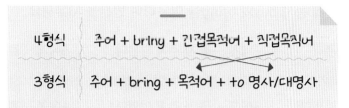

4형식	주어 + bring + 간접목적어 + 직접목적어
3형식	주어 + bring + 목적어 + to 명사/대명사

변신 문장 만들기

1. 그는 내게 주스를 좀 갖다 준다.

2. 고모가 내게 반려동물을 한 마리 갖다 주셨다.

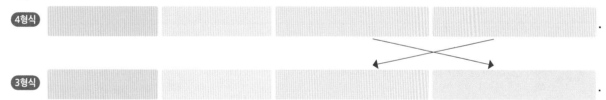

3. 그녀가 내게 그 티셔츠를 갖다 줄 거야.

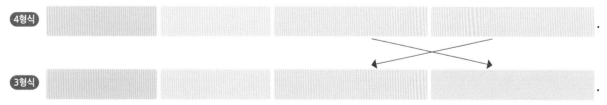

4. 우리 삼촌이 우리에게 컴퓨터를 한 대 갖다 주셨다.

REVIEW TEST

A. 우리말 뜻에 알맞게 동사 buy와 bring을 이용하여 빈칸을 채우세요.

1.

~에게 …을 사 준다	~에게 …을 사 주지 않는다	~에게 …을 사 주니?
_____ / buys	_____ /doesn't buy	Do/ _____ ~ buy?
~에게 …을 사 주었다	~에게 …을 사 주지 않았다	~에게 …을 사 주었니?
_____	_____ buy	Did ~ _____ ?
~에게 …을 사 줄 것이다	~에게 …을 사 주지 않을 것이다	~에게 …을 사 줄거니?
will _____	_____	Will ~ _____ ?

2.

~에게 …을 갖다 준다	~에게 …을 갖다 주지 않는다	~에게 …을 갖다 주니?
bring / _____	don't/ _____ bring	_____ /Does ~ bring?
~에게 …을 갖다 주었다	~에게 …을 갖다 주지 않았다	~에게 …을 갖다 주었니?
_____	_____	Did ~ _____ ?
~에게 …을 갖다 줄 것이다	~에게 …을 갖다 주지 않을 것이다	~에게 …을 갖다 줄거니?
_____ bring	_____	_____ ~ _____ ?

B. 주어진 단어를 순서대로 배열해 보세요.

> 문장의 첫 글자는 대문자로 쓰고,
> 문장 끝에 문장 부호를 쓰세요.

3. buy | I | Lisa | sandwich | a

4. ice cream | Peter | bought | she | some

5. them | any | doesn't | he | chocolate | buy

6. brought | his | juice | brother | some | him

110 기적의 영어문장 만들기 4권

C. 주어진 문장을 지시대로 바꾸어 쓰세요.

7. Dad didn't buy me this backpack.

   긍정문

8. My mother will buy me a bike.

   부정문

9. Buy your brother that T-shirt.

   부정문

10. They brought her the clothes.

    의문문

D. 주어진 단어들을 이용하여 우리말에 맞게 문장을 완성해 보세요.

11. 누가 네게 후라이드 치킨을 사 주니? ·············· who | fried chicken

12. 너는 언제 그녀에게 점심을 사 주었니? ················· lunch

13. 너는 내게 그 표를 갖다 줄거야? ················· ticket

맞힌 개수 :

/**13** 개

명사

- 사람, 가족 -

☑ son 아들
○ daughter 딸
○ child 아이(복수형: children)
○ man 남자
○ woman 여자
○ parents 부모
○ boy 소년
○ girl 소녀

- 과목 -

○ Korean 한국어
○ English 영어
○ Chinese 중국어
○ history 역사
○ math 수학
○ music 음악
○ art 미술, 예술
○ PE 체육

○ science 과학
○ social studies 사회

- 학교 -

○ elementary school 초등학교
○ middle school 중학교
○ high school 고등학교
○ university 대학교

네 번째 동사

teach

단어 & 문장 듣기

동사

- learn 배우다
- think 생각하다
- study 공부하다
- read 읽다
- write (글씨를) 쓰다
- speak 말하다
- listen (to) (귀 기울여) 듣다

- ski 스키를 타다
- use 사용하다
- draw 그리다
- cook 요리하다
- swim 수영하다
- sing 노래하다
- dance 춤추다

형용사

- pop 대중의
- folk 민속의
- classical 고전의, 클래식의
- modern 현대의, 근대의
- ancient 고대의
- Roman 로마의
- Korean 한국의
- Chinese 중국의

개념 쏙쏙 부모님이나 선생님, 친구와 역할을 나눠서 읽어 보세요.

❶ 오늘은 마지막 동사 teach를 공부해 볼까요?

teach는 '가르치다'라는 뜻이죠? 그래서 선생님은 teacher 이시잖아요. 가르치는 사람~

❷ 오, 잘 알고 있네요! teach 뒤에 목적어를 두 개 합체해서 '~에게 …을 가르치다' 라는 문장을 만들 수 있어요. 주어가 단수일 때는 teaches를 써요.

주어 + teach +

간접목적어 + 직접목적어
(~에게)　　　(~을)

❸ 어, 왜 -s가 안 붙고 -es가 붙은 거죠?

teach가 -ch로 끝나 발음을 쉽게 하기 위해서예요. -sh로 끝나는 wash도 마찬가지로 -es를 붙여요.

주어가 단수일 때,
-s, -x, -sh, -ch, -o로 끝나는
동사는 끝에 -es를 붙여요.
pass – passes
fix – fixes, go – goes
wash – washes
teach – teaches

❹ 아하, 그렇구나. 그럼 〈단수 주어 + teaches + 누구에게 + 무엇을〉 이라고 하면 되겠네요.

Excellent! 그럼, 첫 번째 문제! '그녀는 내게 역사를 가르친다.'를 말해 볼까요?

❺ She teaches me a history.

과목명 앞에는 a/an을 쓰지 않아요. 복수형도 없답니다.

❻ 아, 그럼
She teaches me history.

Very good!

❼ '그녀는 우리에게 한국어를 가르친다.'는 어떻게 표현할까요?

한국어이니까…
She teaches us Korea.

❽ Korea는 나라 이름이에요. 언어와 국적은 나라 이름과 다른 단어를 써요. Korea는 '한국,' Korean이 '한국어, 한국인'이라는 뜻이에요.

❾ She teaches us Korean.

한국: Korea	중국: China
한국인: Korean	중국인: Chinese
한국어: Korean	중국어: Chinese
영국: UK (United Kingdom)	미국: America, USA (the United States of America)
영국인: British	미국인: American
영어: English	영어: English

주어 + teach + 간접목적어 + 직접목적어

동사 teach 뒤에도 두 개의 목적어가 올 수 있어요. 이때 teach는 '~에게 …을 가르친다'라는 의미예요.
동사 teach 뒤에는 누구를 가르치는지 먼저 쓰고 그 뒤에 무엇을 가르치는지를 써 줘요.

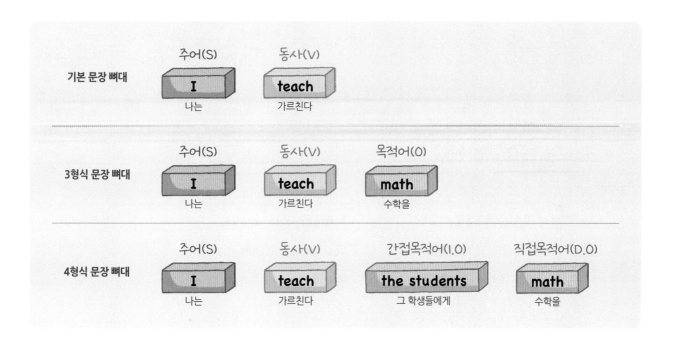

시제가 바뀔 때는 문장 뼈대는 그대로 있고 동사만 모양이 바뀌어요.

주어가 3인칭일 때
She **teaches** the students math.
그녀는 그 학생들에게 수학을 가르친다.

과거의 일을 말할 때
She **taught** the students math.
그녀는 그 학생들에게 수학을 가르쳤다.

미래의 일을 말할 때
She **will teach** the students math.
그녀는 그 학생들에게 수학을 가르칠 것이다.

① teach 가르친다

주어가 I, You, We, They이거나 복수 명사일 때 '가르친다'라는 의미로 주어 뒤에 teach를 써요.
teach 뒤에도 목적어를 두 개 쓸 수 있어요. 이때 teach는 '~에게 …을 가르친다'는 뜻이에요.

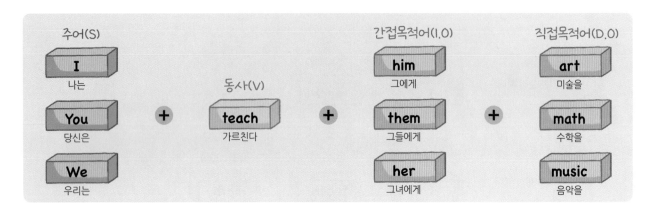

나는 그에게 미술을 **가르친다**.　　　　I **teach** him art.

당신은 그들에게 수학을 **가르친다**　　You **teach** them math.

우리는 그녀에게 음악을 **가르친다**.　　We **teach** her music.

> **!** 과목명 앞에는 a/an을 쓰지 않아요.

② don't teach 가르치지 않는다

주어가 I, You, We, They 또는 복수 명사이고 '가르치지 않는다'라는 의미일 때는 do not 또는 don't를 붙여
do not[don't] teach로 써요.

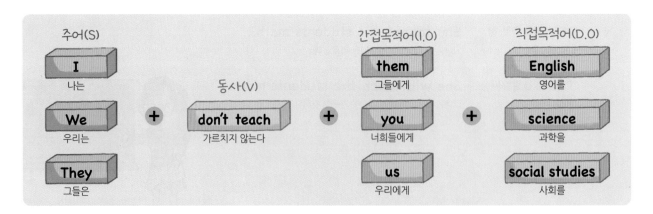

나는 그들에게 영어를 **가르치지 않는다**.　　I **don't teach** them English.

우리는 너희들에게 과학을 **가르치지 않는다**.　　We **don't teach** you science.

그들은 우리에게 사회를 **가르치지 않는다**.　　They **don't teach** us social studies.

연습팍팍 각각의 블록을 합체하여 문장을 만들어 보세요.

주어(S)
I
You
We
They

동사(V)
teach
don't teach

간접목적어(I.O)
me
you
us
them
him
her

직접목적어(D.O)
art
math
music
English
science
social studies

1. 나는 그녀에게 수학을 가르친다.

나는	가르친다	그녀에게	수학을

2. 그들은 우리에게 미술을 가르치지 않는다.

그들은	가르치지 않는다	우리에게	미술을

3. 우리는 그들에게 과학을 가르친다.

우리는	가르친다	그들에게	과학을

4. 너는 나에게 영어를 가르치지 않는다.

너는	가르치지 않는다	나에게	영어를

5. 당신은 그에게 사회를 가르쳐 준다.

당신은	가르친다	그에게	사회를

6. 우리는 너희들에게 음악을 가르치지 않는다.

우리는	가르치지 않는다	너희들에게	음악을

정리착착 단어 블록의 변화를 보면서 문장 구조를 정리해 보세요.

③ teaches 가르친다

주어로 He, She, It 또는 단수 명사가 오면 '~에게 …을 가르친다'는 뜻일 때 teaches를 써요.

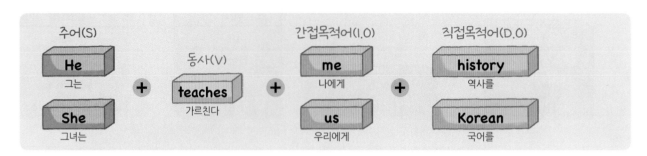

그는 내게 역사를 **가르친다**.   He **teaches** me history.

그녀는 우리에게 국어를 **가르친다**.   She **teaches** us Korean.

④ doesn't teach 가르치지 않는다

주어로 He, She, It 또는 단수 명사가 오면 '가르치지 않는다'고 할 때 teach 앞에 does not 또는 doesn't를 붙여 써요.

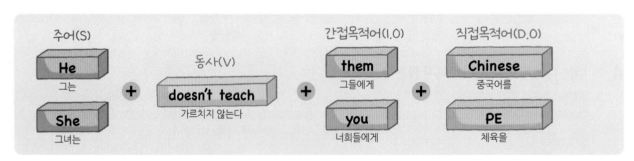

그는 그들에게 중국어를 **가르치지 않는다**.   He **doesn't teach** them Chinese.

그녀는 너희들에게 체육을 **가르치지 않는다**.   She **doesn't teach** you PE.

체육을 나타내는 PE는 physical education의 줄임말이에요.

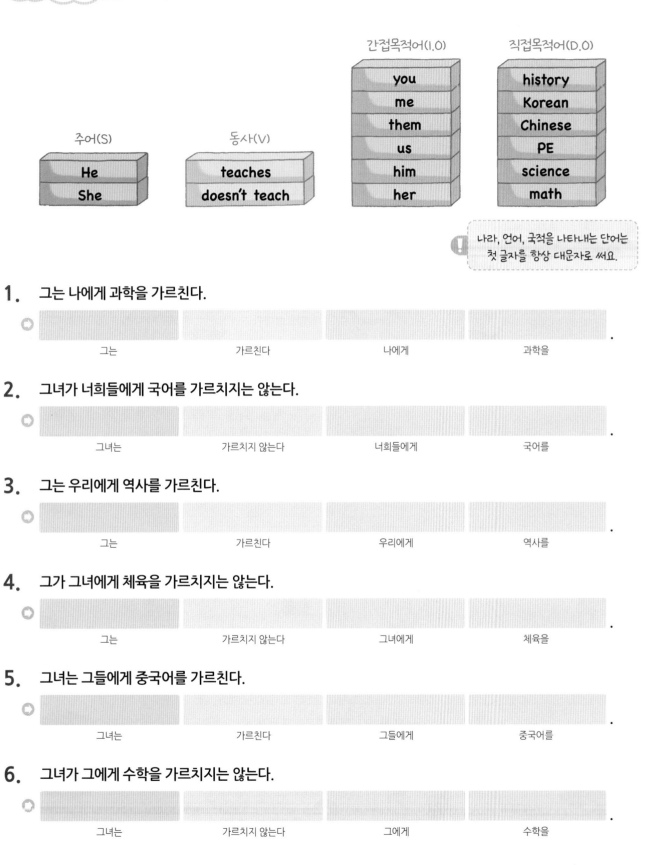

주어(S)
He
She

동사(V)
teaches
doesn't teach

간접목적어(I.O)
you
me
them
us
him
her

직접목적어(D.O)
history
Korean
Chinese
PE
science
math

나라, 언어, 국적을 나타내는 단어는 첫 글자를 항상 대문자로 써요.

1. 그는 나에게 과학을 가르친다.

그는   가르친다   나에게   과학을

2. 그녀가 너희들에게 국어를 가르치지는 않는다.

그녀는   가르치지 않는다   너희들에게   국어를

3. 그는 우리에게 역사를 가르친다.

그는   가르친다   우리에게   역사를

4. 그가 그녀에게 체육을 가르치지는 않는다.

그는   가르치지 않는다   그녀에게   체육을

5. 그녀는 그들에게 중국어를 가르친다.

그녀는   가르친다   그들에게   중국어를

6. 그녀가 그에게 수학을 가르치지는 않는다.

그녀는   가르치지 않는다   그에게   수학을

개념 쏙쏙 부모님이나 선생님, 친구와 역할을 나눠서 읽어 보세요.

 ❶ 이번 시간에는 teach의 과거 형태인 taught로 문장을 만들어 볼 거예요.

teach의 과거형도 불규칙하네요. 단어가 긴데 발음은 짧은 것 같아요.

  ❷ 네. taught의 gh는 소리가 나지 않아요. '~에게 …을 가르쳐 주었다'는 뜻의 문장 뼈대를 말해 볼까요?

목적어가 두 개 필요하니깐…

주어 + taught +
간접목적어 + 직접목적어
(~에게)   (~을)

 ❸ 오늘 배울 문장에는 주어로 Mr. and Mrs. Kim(김 씨 부부)을 넣어 볼 거예요.

히히! 김씨 성을 가진 부부가 만나서 결혼했나 봐요~

 ❹ 처음부터 성이 같았던 게 아니에요. 우리나라에서는 결혼을 하더라도 여성이 자신의 성(family name)을 그대로 쓰지만, 미국, 영국, 일본 같은 나라에서는 결혼을 하면 여자가 남편 성을 따라 쓰게 되어 있어요. 문화 차이인 거죠.

 ❺ 첫 번째 문제! '김 씨 부부는 아들에게 요리하는 법을 가르쳤다.'는 어떻게 할까요?

Mr. and Mrs. Kim taught their son how to cook.

 ❻ 그러면 '컴퓨터 하는 법'은 how to computer인가요?

how to + 동사원형

 음… '~하는 방법'을 말할 때는 how to 다음에 동사원형을 써요. '사용하다'의 의미인 use를 써서 how to use the computer라고 하면 돼요.

 ❼ 아하! 그러면 how to swim (수영하는 법), how to ski (스키 타는 법), 이렇게요?

  Very good! 하나 더 해 볼까요? '그 남자는 우리에게 수영하는 법을 가르쳐 주지 않았다.'를 말해 봐요.

❽ 과거 동사 taught의 부정형은 didn't teach이니까… The man didn't teach us how to swim.

정리착착 단어 블록의 변화를 보면서 문장 구조를 정리해 보세요.

❶ taught 가르쳤다

teach는 불규칙 변화 동사로, '가르쳤다'는 taught를 써요. taught는 모든 주어에 쓸 수 있어요.
〈how to + 동사원형〉은 '~하는 방법'이라는 의미로 써요. 〈to + 동사원형〉을 to부정사라고 해요.

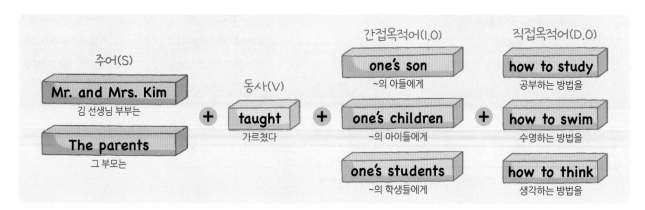

김 선생님 부부는 아들에게 공부하는 법을 **가르쳤다**. Mr. and Mrs. Kim **taught** their son how to study.

그 부모는 아이들에게 수영하는 법을 **가르쳤다**. The parents **taught** their children how to swim.

❷ didn't teach 가르치지 않았다

'가르치지 않았다'라는 의미를 나타낼 때는 teach 앞에 did not 또는 didn't를 써요.

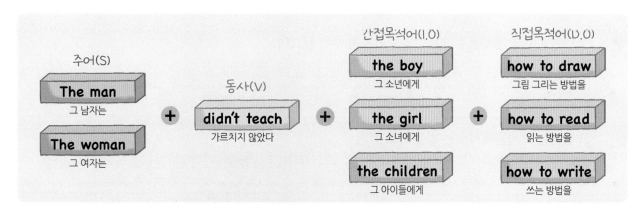

그 남자는 소년에게 그림 그리는 법을 **가르치지 않았다**. The man **didn't teach** the boy how to draw.

그 여자는 소녀에게 읽는 법을 **가르치지 않았다**. The woman **didn't teach** the girl how to read.

연습팍팍 각각의 블록을 합체하여 문장을 만들어 보세요.

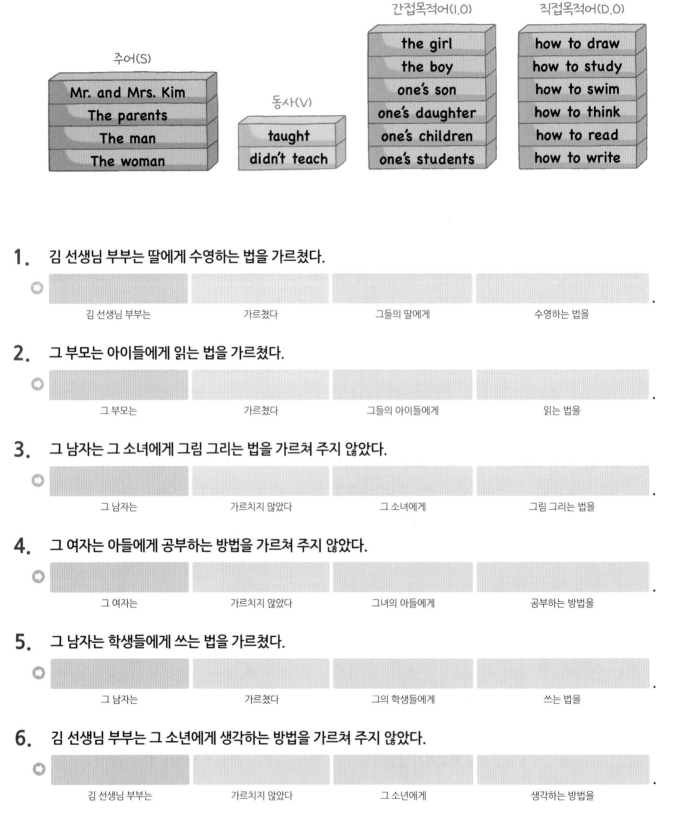

주어(S)

Mr. and Mrs. Kim
The parents
The man
The woman

동사(V)

taught
didn't teach

간접목적어(I.O)

the girl
the boy
one's son
one's daughter
one's children
one's students

직접목적어(D.O)

how to draw
how to study
how to swim
how to think
how to read
how to write

1. 김 선생님 부부는 딸에게 수영하는 법을 가르쳤다.

김 선생님 부부는	가르쳤다	그들의 딸에게	수영하는 법을

2. 그 부모는 아이들에게 읽는 법을 가르쳤다.

그 부모는	가르쳤다	그들의 아이들에게	읽는 법을

3. 그 남자는 그 소녀에게 그림 그리는 법을 가르쳐 주지 않았다.

그 남자는	가르치지 않았다	그 소녀에게	그림 그리는 법을

4. 그 여자는 아들에게 공부하는 방법을 가르쳐 주지 않았다.

그 여자는	가르치지 않았다	그녀의 아들에게	공부하는 방법을

5. 그 남자는 학생들에게 쓰는 법을 가르쳤다.

그 남자는	가르쳤다	그의 학생들에게	쓰는 법을

6. 김 선생님 부부는 그 소년에게 생각하는 방법을 가르쳐 주지 않았다.

김 선생님 부부는	가르치지 않았다	그 소년에게	생각하는 방법을

개념 쏙쏙 부모님이나 선생님, 친구와 역할을 나눠서 읽어 보세요.

❶ 이 책의 마지막 문장 뼈대의 주인공은 will teach에요.

will teach는 '가르칠 것이다'라는 뜻이죠?

❷ Right. 자, will teach의 문장 뼈대를 한번 말해 봐요.

그것도 쉽죠!

주어 + will teach + 간접목적어 + 직접목적어
(~에게)　　　　(~을)

❸ '김 선생님은 너에게 영어 읽는 법을 가르쳐 주실 거야.'를 말해 보세요.

'영어 읽는 법'을 어떻게 표현하죠?

❹ '~하는 법'은 how to 뒤에 동사원형을 넣어 보세요.

아, 맞다. 그럼 how to read… 다 된 건가요?

❺ '영어 읽는 법'이니까 read 뒤에 목적어에 해당하는 English가 와야 해요.

오호, 그렇군요!

❻ how to read English가 직접목적어니까… Mr. Kim will teach you how to read English.

Very good!

❼ 〈how to + 동사원형〉 뒤에 또 목적어가 올 수 있다는 게 신기해요.

그럼요. 〈to + 동사원형〉 뒤에는 동사와 의미가 어울리면 목적어나 보어, 부사까지도 올 수 있어요.

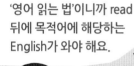

❽ how to cook 뒤에 말을 덧붙여서 how to cook Korean food (한국 음식을 요리하는 법), how to cook well(요리를 잘하는 법) 처럼 쓸 수 있어요.

❾ 아하 그렇구나!

하나 더! 〈how to + 동사원형〉은 '~하는 법' 또는 '~을 어떻게 하는지'라고 해석해요.

① will teach 가르쳐 줄 것이다

'가르칠 것이다'라고 말할 때는 will teach를 써요. 〈how to + 동사원형〉의 동사원형 뒤에 목적어나 보어, 부사를 필요에 따라 써 줄 수 있어요.

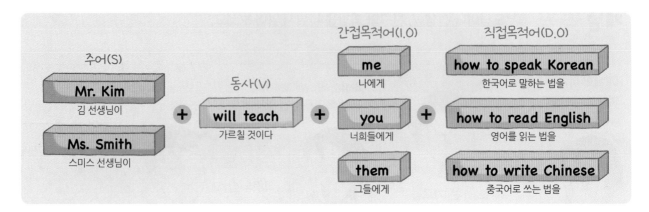

김 선생님이 나에게 한국어로 말하는 방법을 **가르쳐 줄 것이다**.

Mr. Kim **will teach** me how to speak Korean.

스미스 선생님이 너희들에게 영어를 읽는 법을 **가르쳐 줄 것이다**.

Ms. Smith **will teach** you how to read English.

② won't teach 가르쳐 주지 않을 것이다

'가르쳐 주지 않을 것이다'라고 할 때는 will not teach 또는 won't teach를 쓸 수 있어요.

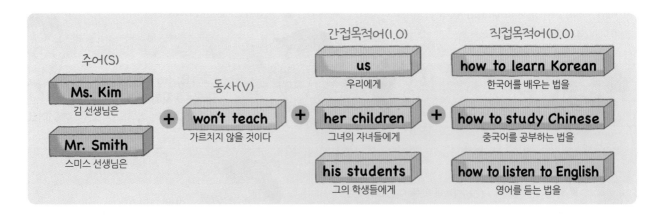

김 선생님은 그녀의 자녀들에게 한국어를 배우는 방법을 **가르쳐 주지 않을 것이다**.

Ms. Kim **won't teach** her children how to learn Korean.

스미스 선생님은 학생들에게 영어를 듣는 방법을 **가르쳐 주지 않을 것이다**.

Mr. Smith **won't teach** his students how to listen to English.

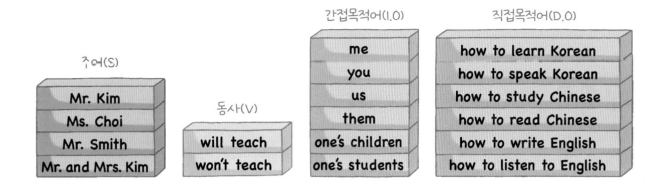

주어(S)
동사(V)
간접목적어(I.O)
직접목적어(D.O)

주어(S)	동사(V)	간접목적어(I.O)	직접목적어(D.O)
Mr. Kim	will teach	me	how to learn Korean
Ms. Choi	won't teach	you	how to speak Korean
Mr. Smith		us	how to study Chinese
Mr. and Mrs. Kim		them	how to read Chinese
		one's children	how to write English
		one's students	how to listen to English

1. 김 선생님이 그들에게 중국어 읽는 법을 가르쳐 줄 것이다.

김 선생님은   가르쳐 줄 것이다   그들에게   중국어를 읽는 법을 .

2. 최 선생님은 우리에게 한국어 배우는 법을 가르쳐 주지 않을 것이다.

최 선생님은   가르쳐 주지 않을 것이다   우리에게   한국어를 배우는 법을 .

3. 김 선생님 부부는 자녀들에게 영어 듣는 법을 가르쳐 주지 않을 것이다.

김 선생님 부부는   가르쳐 주지 않을 것이다   그들의 자녀들에게   영어를 듣는 법을 .

4. 김 신생님 부부가 너희들에게 한국어로 말하는 법을 가르쳐 줄 것이다.

김 선생님 부부는   가르쳐 줄 것이다   너희들에게   한국어를 말하는 법을 .

5. 스미스 선생님이 나에게 영어 쓰는 법을 가르쳐 줄 것이다.

스미스 선생님은   가르쳐 줄 것이다   나에게   영어를 쓰는 법을 .

6. 최 선생님은 학생들에게 중국어를 공부하는 법을 가르쳐 주지 않을 것이다.

최 선생님은   가르쳐 주지 않을 것이다   그녀의 학생들에게   중국어를 공부하는 법을 .

문장에 살 붙이기

개념 쏙쏙 부모님이나 선생님, 친구와 역할을 나눠서 읽어 보세요.

❶ 선생님! 문장에 살 붙이기 할 때마다 저도 자꾸 살이 붙나 봐요. 휴…

하하하! 선생님도 그래요. 오늘은 직접목적어에 살을 붙여 볼까요?

❷ 목적어는 명사니깐 형용사로 앞에 살을 붙일 수 있어요. '고대 역사'는 어떻게 하면 될까요? '고대의'라는 뜻의 형용사는 ancient예요.

ancient history요.

❸ Good job! 그럼 '대중 음악'은? pop을 써 볼까요?

pop music요. 그럼 한국 가요는 어떻게 표현해요?

❹ 한국 대중 음악이니깐 Korean pop music이라고 하면 된답니다.

아, 그렇군요!

❺ 지금 teach를 공부하고 있는데 '어디에서' 가르치는 건지 덧붙여 말할 때는 뭘 이용해야 할까요?

장소니까… 음… 어…

❻ 바로 at과 함께 쓰이는 장소 부사구를 이용할 수 있겠죠?

하! 맞아요!

❼ 그럼, '중학교에서'는 어떻게 말할까요? '중학교'는 a middle school이에요.

전치사 at을 그 앞에 붙이면, at a middle school!

at은 '~에서'라는 뜻의 장소를 나타내는 전치사로, 명사 앞에 써 줘요.

❽ Good! 그럼 '김 선생님은 중학교에서 학생들에게 음악을 가르치신다.'를 표현해 볼까요? 여자 선생님이에요.

Ms. Kim teaches students music at a middle school.

❾ 그러면 '초등학교에서'를 말해 볼까요? 초등학교는 elementary school인데, 모음으로 시작하는 것에 주의하세요~

아, 그럼 a 대신에 an을 쓰죠? at an elementary school.

❿ 그런데 왜 university 앞에는 a를 써 주죠? u도 모음이잖아요?

예리한 질문이네요. university의 u는 모음 소리가 아닌 자음 소리 [ju:]로 시작되기 때문에 a를 붙이는 거예요.

⓫ 그렇구나. 그럼 at a university!

① 형용사 + 명사

직접목적어로 music 같은 명사가 올 때, '어떤' 음악인지 의미를 좀 더 구체적으로 나타내고 싶을 때는 어떻게 할까요? 바로 아래와 같이 형용사를 명사 앞에 합체하는 방법이 있어요.

민속 음악	**folk** music	로마사	**Roman** history
대중 음악	**pop** music	근대[현대]사	**modern** history
민속 예술	**folk** art	현대 미술	**modern** art

② 장소 부사구

'어디에서' 가르치는지 말하고 싶을 때는 장소 부사구를 활용할 수 있어요. '~에서'라는 뜻의 전치사 at 뒤에 장소 명사를 합체하여 문장 끝에 덧붙여 쓰세요.

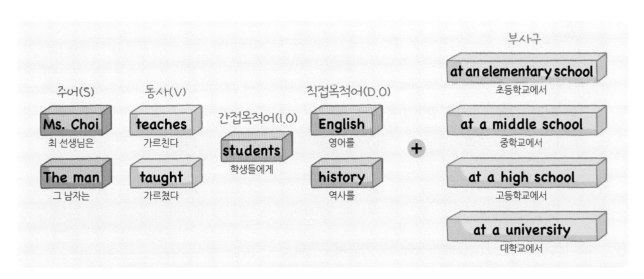

최 선생님은 **중학교에서** 학생들에게 영어를 가르친다.

Ms. Choi teaches students English **at a middle school**.

그 남자는 **고등학교에서** 학생들에게 역사를 가르쳤다.

The man taught students history **at a high school**.

문장의 첫 글자는
대문자로 쓰고, 문장 끝에
마침표를 찍으세요.

1. 김 선생님이 내게 중국어로 말하는 법을 가르쳐 주셨다.

Ms. Kim / me / taught / how to speak Chinese

....

2. 그 선생님은 우리에게 고대 역사를 가르치신다.

ancient history / the teacher / us / teaches

....

3. 그 남자는 딸에게 클래식 음악(고전 음악)을 가르친다.

the man / teaches / classical music / his daughter

....

4. 그 여자는 아이들에게 영어를 쓰는 법을 가르칠 것이다.

will teach / children / how to write English / the woman

....

5. 그의 부모는 그에게 한국어 읽는 법을 가르친다.

him / his parents / how to read Korean / teach

....

6. 스미스 씨 부부는 사람들에게 근대사를 가르쳐 주었다.

taught / people / Mr. and Mrs. Smith / modern history

....

7. 스미스 선생님은 중학교에서 학생들에게 사회를 가르치지 않는다.

at a middle school / Ms. Smith / doesn't teach / social studies / students

....

8. 김 선생님은 고등학교에서 학생들에게 중국어를 가르치지 않았다.

Mr. Kim / students / didn't teach / at a high school / Chinese

....

9. 그 남자는 초등학교에서 아이들에게 수학을 가르치지 않을 것이다.

children / won't teach / at an elementary school / math / the man

....

10. 그 여자는 중학교에서 학생들에게 한국사를 가르치지 않았다.

Korean history / the woman / students / didn't teach / at a middle school

....

11. 그 선생님은 초등학교에서 아이들에게 과학을 가르치지 않을 것이다.

at an elementary school / won't teach / students / science / the teacher

....

12. 최 선생님 부부는 대학교에서 학생들에게 영어를 가르치지 않는다.

students / at a university / Mr. and Mrs. Choi / English / don't teach

....

변신 문장 만들기

개념 쏙쏙 부모님이나 선생님, 친구와 역할을 나눠서 읽어 보세요.

❶ 오늘은 teach 문장을 변신시킬 차례네요. teach도 앞에서 배운 동사처럼 목적어를 하나 줄여 줄 수 있나요?

❷ 그럼요~ 목적어를 하나 줄일 때 어떻게 한다고 했죠?

간접목적어에게 선물을 하나 줘서 직접목적어 뒤로 보내죠.

❸ That's right. 그럼 간접목적어에게 주는 선물은 뭘까요?

'누구누구에게' 가르치는 거니까 to가 필요할 것 같아요.

❹
주어 + teach +
목적어 + to 명사
(원래는 직접목적어) (원래는 간접목적어)

Very good!

You teach English to me. 이렇게 말하는 거 맞죠?

❺ 와! 이젠 민준이가 알아서 척척 영어로 말하다니, 정말 대단해요! 그럼, 그 문장을 다시 목적어가 2개 있는 4형식 문장으로 말하면 어떻게 될까요?

You teach me English.

❻ Great! '그 선생님은 학생들에게 중국어를 가르쳤다.'를 두 가지 방법으로 말해 봐요.

❼ 我

우선 목적어 2개 있는 문장으로 하면, The teacher taught students Chinese.

❽ 이제 students에 to를 붙여서 뒤로 보낼게요. The teacher taught Chinese to students.

❾ Challenge! 코너에서 배울 동사 show는 선물로 to가 필요할까요, for가 필요할까요?

'누구누구에게' 보여 준다는 의미니까 마찬가지로 to가 필요해요!

주어 + show +
목적어 + to 명사
(원래는 직접목적어) (원래는 간접목적어)

정리착착 단어 블록의 변화를 보면서 문장 구조를 정리해 보세요.

① 목적어를 하나로 줄이기

'~에게 …을 가르친다'라는 표현 역시 다르게 표현하는 방법이 있어요. 바로 '~에게'에 해당하는 말(간접목적어)을 '…을'에 해당하는 말(직접목적어) 뒤로 옮기는 거예요. 마찬가지로 간접목적어 앞에 꼭 전치사 to를 넣어 주어야 해요.

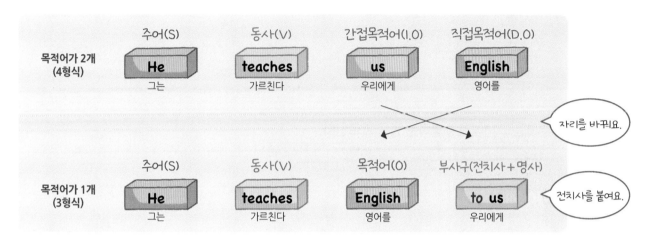

그는 **우리에게 영어를** 가르친다.

He teaches **us English**.

= He teaches **English to us**.

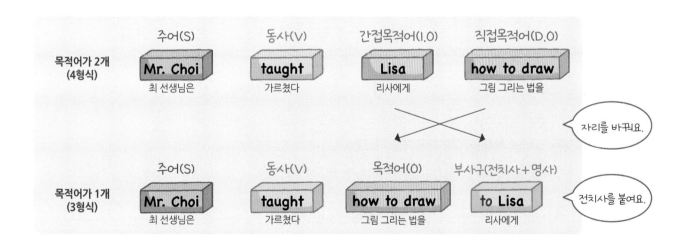

최 선생님은 **리사에게 그림 그리는 법을** 가르쳐 주었다.

Mr. Choi taught **Lisa how to draw**.

= Mr. Choi taught **how to draw to Lisa**.

1. 그 선생님은 우리에게 민속 음악을 가르쳐 주셨다.

2. 그녀의 부모는 그녀에게 수영하는 법을 가르친다.

3. 최 선생님 부부는 그들에게 고대 미술을 가르칠 것이다.

4. 그 여자는 그녀의 학생들에게 중국어를 가르친다.

5. 김 선생님(Mr. Kim)은 우리에게 과학을 가르치지 않을 것이다.

4형식			
김 선생님은	가르치지 않을 것이다	우리에게	과학을

3형식			
김 선생님은	가르치지 않을 것이다	과학을	우리에게

6. 스미스 선생님(Ms. Smith)은 내게 영어 쓰는 법을 가르치지 않는다.

4형식			
스미스 선생님은	가르치지 않는다	나에게	영어 쓰는 법을

3형식			
스미스 선생님은	가르치지 않는다	영어 쓰는 법을	나에게

7. 그 여자는 아들에게 요리하는 법을 가르치지 않았다.

4형식			
그 여자는	가르치지 않았다	그녀의 아들에게	요리하는 법을

3형식			
그 여자는	가르치지 않았다	요리하는 법을	그녀의 아들에게

8. 그들은 아이들에게 역사를 가르치지 않는다.

4형식			
그들은	가르치지 않는다	그들의 아이들에게	역사를

3형식			
그들은	가르치지 않는다	역사를	그들의 이이들에게

② 명령문 만들기

'가르쳐라'라는 뜻을 전달하고 싶다면 '명령문'으로 써야겠죠? 명령문은 동사원형으로 시작해요. 명령문은 상대방에게 직접 하는 말이므로 주어가 You인데, 생략되어 있는 거예요.

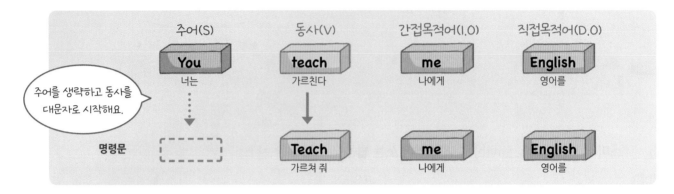

내게 영어를 **가르쳐 줘**.　　　　**Teach** me English.

'가르치지 마'라는 뜻의 부정 명령문은 Don't 뒤에 동사원형 teach를 써요.

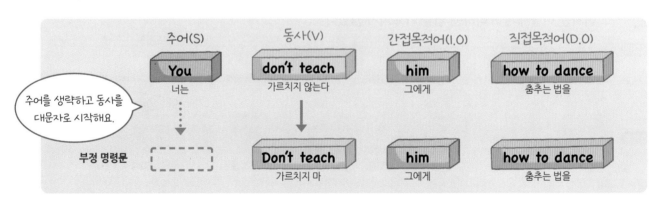

그에게 춤추는 법을 **가르치지 마**.　　**Don't teach** him how to dance.

1. 그 학생에게 영어 읽는 법을 가르쳐 봐.

           가르쳐라   그 학생에게   영어 읽는 법을 .

2. 그녀에게 요리하는 법을 가르쳐 줘라.

           가르쳐라   그녀에게   요리하는 법을 .

3. 그의 남동생에게 수학을 가르쳐라.

           가르쳐라   그의 남동생에게   수학을 .

4. 그들에게 스키 타는 법을 가르치지 마.

           가르치지 마라   그들에게   스키 타는 법을 .

5. 저의 학생들에게 생각하는 법을 가르쳐 주세요.

           가르쳐 주세요   나의 학생들에게   생각하는 법을   부디 .

6. 제게 영어 배우는 방법을 가르쳐 주세요.

           가르쳐 주세요   나에게   영어를 배우는 방법을   부디 .

7. 우리에게 로마사를 가르쳐 주세요.

           부디   가르쳐 주세요   우리에게   로마사를 .

8. 그녀의 여동생에게 중국어를 가르치지 마세요.

           가르치지 마세요   그녀의 여동생에게   중국어를   부디 .

> 문장 앞이나 끝에 please를 붙이면 좀 더 공손한 표현이 됩니다.
> 문장 끝에 쓸 때는 please 앞에 콤마(,)를 붙여 주세요.

Step 4

의문문 만들기

❶ 의문사 없는 의문문 Ⅰ

'~에게 …을 가르치니?'라고 물어볼 때는 어떻게 쓸까요? 주어가 I, you, we, they 또는 복수 명사이고 현재 시제일 때는 주어 앞에 Do를 써요. 과거 시제일 때는 Did, 미래 시제일 때는 Will을 쓴답니다.

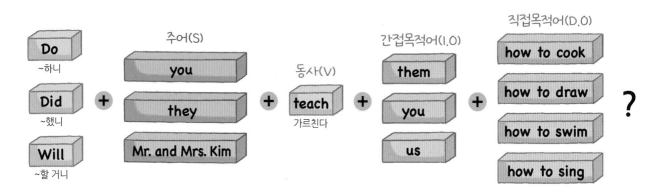

1. 당신이 우리에게 수영하는 법을 가르치실 건가요?

○ | | | | | | ?

Yes, I will.

2. 그들이 너희들에게 요리하는 법을 가르쳐 주니?

○ | | | | | | ?

No, they don't.

3. 김 선생님 부부가 그들에게 그림 그리는 법을 가르쳤니?

○ | | | | | | ?

Yes, they did.

4. 그들이 우리에게 노래하는 법을 가르쳐 줄까?

○ | | | | | | ?

No, they won't.

② 의문사 없는 의문문 II

의문문을 만들 때 주어가 he, she, it 또는 단수 명사이고 현재 시제일 때는 주어 앞에 Does를 써요. 그리고
과거 시제와 미래 시제일 때는 주어에 상관없이 각각 Did, Will을 주어 앞에 쓴답니다.

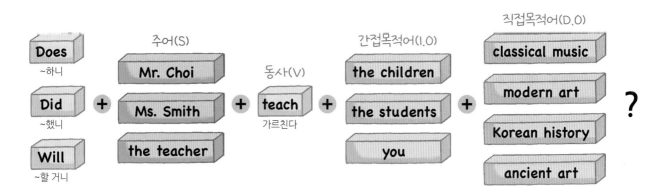

1. 최 선생님이 너희들에게 현대 미술을 가르치셨니?

   ◎ _____ _____ _____ _____ _____ ?

   Yes, he did.

2. 그 선생님이 그 학생들에게 클래식 음악을 가르치시나요?

   ◎ _____ _____ _____ _____ _____ ?

   No, he/she doesn't.

3. 스미스 선생님이 그 아이들에게 고대 미술을 가르칠까요?

   ◎ _____ _____ _____ _____ _____ ?

   Yes, she will.

4. 그 선생님이 그 학생들에게 한국사를 가르치셨니?

   ◎ _____ _____ _____ _____ _____ ?

   No, he/she didn't.

❸ When 의문문

'언제' 가르치는지 물어볼 때는 의문사 When이 필요해요. 의문사는 맨 앞에 써야 해요.

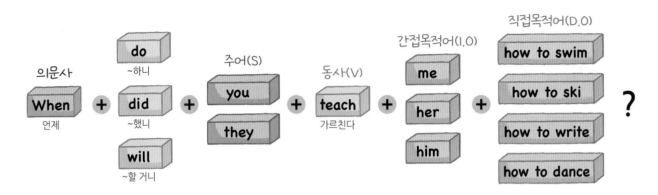

1. 너는 언제 내게 수영하는 법을 가르쳐 줄 거야?

   ➡ | | | | | | | ?

   > Tomorrow.

2. 그들이 언제 그녀에게 쓰는 법을 가르쳤니?

   ➡ | | | | | | ?

   > Last year.

3. 그들이 언제 그에게 스키 타는 법을 가르치니?

   ➡ | | | | | | ?

   > Every Tuesday.

4. 너는 언제 그에게 춤추는 법을 가르칠 거니?

   ➡ | | | | | | ?

   > When he can read.

④ Where 의문문

'어디에서' 가르치는지 물어볼 때는 의문사 Where가 필요해요. Where도 의문문 맨 앞에 붙여요.

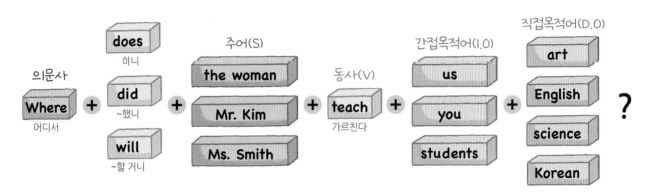

1. 스미스 선생님이 어디서 학생들에게 한국어를 가르치시죠?

   ⟹ [   ] ?

   At a middle school.

2. 김 선생님이 어디서 우리에게 과학을 가르쳐 주실까?

   ⟹ [   ] ?

   At the lab.

3. 그 여자는 어디서 학생들에게 미술을 가르쳤니?

   ⟹ [   ] ?

   At an art school.

4. 김 선생님은 어디서 너에게 영어를 가르쳐 주셨니?

   ⟹ [   ] ?

   At my house.

동사 show를 이용하여 문장을 만들어 보세요.

~에게 …을 보여 준다	show
	shows
~에게 …을 보여 주었다	showed
~에게 …을 보여 줄 것이다	will show

긍정문

1. 김 선생님(Ms. Kim)은 학생들에게 민속 음악 공연을 보여 주었다.

○ |　|　|　| a folk music show | .

2. 최 선생님(Ms. Choi)은 내게 중국 음식 요리법을 보여 준다.

○ |　|　|　|　| .

3. 스미스 여사(Mrs. Smith)는 우리들에게 고대 역사박물관을 보여 주었다.

○ |　|　|　| an ancient history museum | .

4. 그 선생님은 그 학생에게 과학책 한 권을 보여 주었다.

○ |　|　|　|　| .

5. 그 남자는 학생들에게 수영하는 법을 보여 준다.

○ |　|　|　|　| .

6. 김 씨 부부는 그들의 자녀들에게 사람 그리는 법을 보여 줄 것이다.

○ |　|　| how to draw a person | .

~에게 …을 보여 주지 않는다	don't show
	doesn't show
~에게 …을 보여 주지 않았다	didn't show
~에게 …을 보여 주지 않을 것이다	won't show

부정문

1. 그 여자는 그들에게 역사책을 보여 주지 않을 것이다.

   ➡ [   ] [   ] [   ] [   ] a history book .

2. 그 부모는 그들의 자녀들에게 영어 읽는 법을 보여 주지 않았다.

   ➡ [   ] [   ] [   ] [   ] .

3. 그 교사는 그 학생들에게 수영하는 법을 보여 주지 않는다.

   ➡ [   ] [   ] [   ] [   ] .

4. 김 씨 부부는 그녀에게 요리하는 법을 보여 주지 않았다.

   ➡ [   ] [   ] [   ] [   ] .

5. 최 선생님(Mr. Choi)은 그의 딸에게 TV 대중 음악 프로그램을 보여 주지 않는다.

   ➡ [   ] [   ] [   ] TV pop music shows .

6. 그 남자는 우리에게 그림 그리는 법을 보여 주지 않았다.

   ➡ [   ] [   ] [   ] [   ] .

~에게 …을 보여 주니?	Do — show ~ …?
	Does — show ~ …?
~에게 …을 보여 주었니?	Did — show ~ …?
~에게 …을 보여 줄 거니?	Will — show ~ …?

의문문

1. 스미스 씨(Mr. Smith)가 우리에게 그 수학책을 보여 줄까?

?

2. 그 남자가 그의 자녀들에게 쓰는 법을 보여 줄까?

?

3. 그 선생님이 너희들에게 영어 읽는 법을 보여 주었니?

?

4. 그녀가 그들에게 중국어 쓰는 법을 보여 주었니?

?

5. 그 여자가 그녀의 자녀들에게 요리하는 법을 보여 주니?

?

6. 그들이 그 학생들에게 영어 배우는 법을 보여 주니?

?

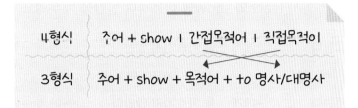

변신 문장 만들기

1. 나는 그에게 나의 영어책을 보여 주었다.

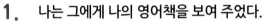

2. 그 남자는 그녀에게 수영하는 법을 보여 준다.

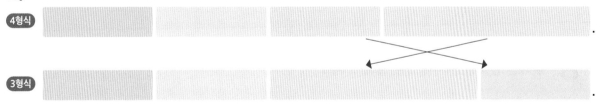

3. 그는 우리에게 그 중국이 책을 보여 줄 것이다.

4. 그 부모는 그들의 자녀들에게 콘서트를 보여 주었다.

a concert

A. 우리말 뜻에 알맞게 동사 teach와 show를 이용하여 빈칸을 채우세요.

1.

~에게 …을 가르친다 _____ / teaches	~에게 …을 가르치지 않는다 _____ /doesn't teach	~에게 …을 가르치니? Do/ _____ ~ teach?
~에게 …을 가르쳤다 _____	~에게 …을 가르치지 않았다 _____ teach	~에게 …을 가르쳤니? Did ~ _____ ?
~에게 …을 가르쳐 줄 것이다 will _____	~에게 …을 가르쳐 주지 않을 것이다 _____	~에게 …을 가르쳐 줄 거니? Will ~ _____ ?

2.

~에게 …을 보여 준다 show / _____	~에게 …을 보여 주지 않는다 don't/ _____ show	~에게 …을 보여 주니? _____ /Does ~ show?
~에게 …을 보여 주었다 _____	~에게 …을 보여 주지 않았다 _____	~에게 …을 보여 주었니? Did ~ _____ ?
~에게 …을 보여 줄 것이다 _____ show	~에게 …을 보여 주지 않을 것이다 _____	~에게 …을 보여 줄 거니? _____ ~ _____ ?

B. 주어진 단어를 순서대로 배열해 보세요.

> 문장의 첫 글자는 대문자로 쓰고, 문장 끝에 문장 부호를 쓰세요.

3. students | she | the | teaches | math

4. science | he | your | teach | son | will

5. them | don't | I | teach | English

6. show | her | concert | her | won't | a | parents

C. 주어진 문장을 지시대로 바꾸어 쓰세요.

7. The man taught the girl how to read.

   부정문 ▶

8. Ms. Choi teaches them modern history.

   의문문 ▶

9. The man will teach children PE at an elementary school.

   부정문 ▶

10. The woman showed her children how to cook.

    의문문 ▶

D. 주어진 단어들을 이용하여 우리말에 맞게 문장을 완성해 보세요.

11. 제게 그림 그리는 법을 가르쳐 주세요. ·················· draw | please

    ▶

12. 그에게 중국어를 가르치지 마. ·················· to | Chinese

    ▶

13. 너는 언제 그에게 요리하는 법을 보여줬니? ·················· when | how

    ▶

맞힌 개수 : /13 개

첫 번째 동사 **give**

이름: _____

날짜: _____

★ 우리말 뜻에 알맞은 영어 단어 또는 표현을 쓰세요.

1. 작은, 조그만	2. 재미있는	3. 유용한	4. 멋진, 훌륭한	5. 특별한
_____	_____	_____	_____	_____

6. 나를, 나에게	7. 그녀를, 그녀에게	8. 그를, 그에게	9. 우리를, 우리에게	10. 그들을, 그들에게
_____	_____	_____	_____	_____

11. 기회	12. 경고	13. 메시지	14. 선물	15. 충고, 조언
_____	_____	_____	_____	_____

▶ a/an/the + 형용사 + 명사

1. 큰 선물 하나 _____	6. 그 예쁜 꽃들 _____
2. 재미있는 선물 하나 _____	7. 그 특별한 카드 _____
3. 값비싼 선물 하나 _____	8. 그 좋은 소식 _____
4. 유용한 단서 하나 _____	9. 그 특별한 책들 _____
5. 재미있는 책 한 권 _____	10. 그 유용한 충고 _____

▶ 형용사 + 셀 수 없는 명사

11. 좋은 도움 _____	15. 유용한 정보 _____
12. 약간의 도움 _____	16. 훌륭한 정보 _____
13. 많은 조언 _____	17. 좋은 소식 _____
14. 어떤 조언(부정문) _____	18. 많은 소식 _____

두 번째 동사 tell

★ 우리말 뜻에 알맞은 영어 단어 또는 표현을 쓰세요.

1. 농담	2. 진실, 사실	3. 거짓말	4. 수수께끼	5. 비밀
_____	_____	_____	_____	_____

6. 그녀의	7. 우리의	8. 너의	9. 그의	10. 그들의
_____	_____	_____	_____	_____

11. 이유	12. 결과	13. 영화	14. 프로그램	15. 계획
_____	_____	_____	_____	_____

▶ about/of + 명사

1. 나에 관해 모두 다 _____

2. 그에 관한 사실 _____

3. 그 그림에 관한 거짓말 _____

4. 그 노래에 관한 비밀 _____

5. 그 책에 관해 어떤 것도 _____

6. 그것에 대한 그들의 생각들 _____

7. 그 영화의 제목 _____

8. 그 프로그램의 제목 _____

▶ 부사(구)

9. 다시	_____	11. 매번	_____
10. 조용히	_____	12. 매일	_____

147

세 번째 동사 **buy**

이름: _____

날짜: _____

★ 우리말 뜻에 알맞은 영어 단어 또는 표현을 쓰세요.

1. 옷
_____
2. 표, 티켓
_____
3. 컴퓨터
_____
4. 줄넘기
_____
5. 신발
_____

6. 티셔츠
_____
7. 배낭, 책가방
_____
8. 휴대폰
_____
9. 바지
_____
10. 시계
_____

11. 샌드위치
_____
12. 후라이드 치킨
_____
13. 아이스크림
_____
14. 초콜릿
_____
15. 조부모
_____

▶ 장소 부사구 (at + 장소 명사)

1. 쇼핑몰에서 _____
2. 가게에서 _____
3. 카페테리아에서 _____
4. 백화점에서 _____
5. 슈퍼마켓에서 _____

▶ 시간 부사구 (this/last/next + 시간 명사)

6. 이번 주에 _____
7. 지난주에 _____
8. 다음 주에 _____
9. 이번 주 월요일에 _____
10. 지난주 토요일에 _____
11. 다음 주 일요일에 _____

네 번째 동사 teach

이름 : _____

날짜 : _____

★ 우리말 뜻에 알맞은 영어 단어 또는 표현을 쓰세요.

1. (글씨를) 쓰다	2. 말하다	3. 공부하다	4. 그리다	5. 수영하다
_____	_____	_____	_____	_____

6. 생각하다	7. (귀 기울여) 듣다	8. 고전의	9. 민속의	10. 로마의
_____	_____	_____	_____	_____

11. 배우다	12. 과학	13. 수학	14. 한국어	15. 사회
_____	_____	_____	_____	_____

▶ 형용사 + 명사

1. 민속 음악	_____	7. 민속 예술	_____
2. 고전[클래식] 음악	_____	8. 로마사	_____
3. 대중 음악	_____	9. 한국사	_____
4. 현대 미술	_____	10. 중국사	_____
5. 고대 미술	_____	11. 고대사	_____
6. 대중 미술[팝아트]	_____	12. 근대[현대]사	_____

▶ 장소 부사구 (at + 장소 명사)

13. 초등학교에서 _____

14. 중학교에서 _____

15. 고등학교에서 _____

16. 대학교에서 _____

give & send

A. 주어진 단어를 사용하여 우리말에 맞게 문장을 완성하세요.

1. **give**

그 남자가 내게 도움을 줄 것이다. _____

그 여자가 너에게 조언을 줄 것이다. _____

2. **gives**

그는 에이미(Amy)에게 힌트를 준다. _____

그녀는 피터(Peter)를 안아 준다. _____

3. **gave**

에이미(Amy)는 나에게 기회를 주었다. _____

잭(Jack)과 나는 그녀에게 그 선물들을 주었다. _____

4. **send**

우리는 그들에게 책을 몇 권 보낼 거야. _____

그는 내게 유용한 정보를 보내지 않았다. _____

5. **sends**

그녀는 우리에게 특별한 선물들을 보내준다. _____

피터(Peter)는 에이미(Amy)에게 생일 카드들을 보낸다. _____

6. **sent**

그는 내게 경고를 보냈다. _____

헬렌(Helen)은 그에게 그 꽃들을 보냈다. _____

B. 다음 문장을 우리말에 맞게 주어진 단어를 이용하여 바꿔 쓰세요. 단, 부정문은 축약형으로 쓰세요.

> She gives Lisa a call.

앞 문장은 다음 문장의 힌트가 되므로 문제를 차례대로 푸세요.

1. 그녀는 리사(Lisa)에게 전화를 하지 않는다.   not

   _____

2. 그는 리사(Lisa)에게 기회를 주지 않았다.   chance

   _____

3. 우리는 헬렌(Helen)을 안아 주었디.   hug

   _____

4. 우리는 헬렌(Helen)에게 경고를 주었다.   warning

   _____

5. 너의 선생님은 그녀에게 그 메시지를 전해줬니?   message

   _____

6. 너의 선생님은 왜 그에게 많은 도움을 주니?   why, a lot of

   _____

7. 너는 언세 우리에게 그 잭을 보낼 거니?   when

   _____

8. 잭(Jack)이 네게 크리스마스 카드를 보냈니?   Christmas

   _____

9. 잭(Jack)이 내게 좋은 소식을 보냈다.   to me, news

   _____

10. 피티(Peter)는 잭(Jack)에게 비싼 신물을 보내시 않을 것이다.   expensive

   _____

tell & ask

이름 : _____

날짜 : _____

A. 주어진 단어를 사용하여 우리말에 맞게 문장을 완성하세요.

1. **tell**

   우리는 너희에게 모든 것을 말한다. _____

   그녀는 우리에게 농담들을 하지 않는다. _____

2. **tells**

   그는 내게 거짓말들을 한다. _____

   그녀는 그들에게 아무것도 말하지 않는다. _____

3. **told**

   피터(Peter)는 그녀에게 그의 이름을 말해 주었다. _____

   리사(Lisa)와 헬렌(Helen)은 우리에게 그들의 계획을 말했다. _____

4. **ask**

   나는 그들에게 너에 관해 모두 다 물어본다. _____

   그는 우리에게 그 이유를 다시 물어보지 않았다. _____

5. **asks**

   잭(Jack)은 그에게 조언을 구한다. _____

   헬렌(Helen)은 내게 그 결과를 물어본다. _____

6. **asked**

   피터(Peter)는 그에게 그녀의 이름을 물어봤다. _____

   그녀는 내게 그 프로그램의 제목을 물어봤다. _____

B. 다음 문장을 우리말에 맞게 주어진 단어를 이용하여 바꿔 쓰세요. 단, 부정문은 축약형으로 쓰세요.

Jack told me his plan.

앞 문장은 다음 문장의 힌트가 되므로 문제를 차례대로 푸세요.

1. 잭(Jack)은 내게 진실을 말했다.   the truth

   _____

2. 잭(Jack)은 우리에게 사실대로 말하지 않았다.   not, us

   _____

3. 너는 그에게 그 이유를 말해 줄거니?   reason

   _____

4. 그녀가 너에게 거짓말을 했니?   lie

   _____

5. 너는 왜 내게 거짓말을 했어?   why

   _____

6. 그녀가 언제 우리에게 그 결과를 말해줄까?   when, result

   _____

7. 우리는 그녀에게 아무것도 묻지 않을 것이다.   ask, nothing

   _____

8. 나는 그에게 매번 그의 생각을 물어보지 않을 것이다.   not, every

   _____

9. 헬렌(Helen)은 내게 부탁을 했다.   favor

   _____

10. 헬렌(Helen)이 너에게 그 그림의 제목을 물어봤니?   title, picture

   _____

buy & bring

이름:

날짜:

A. 주어진 단어를 사용하여 우리말에 맞게 문장을 완성하세요.

1. **buy**
   우리는 잭(Jack)에게 옷을 사 준다.
   _____

   (나의) 부모님은 우리에게 점심을 사 주신다.
   _____

2. **buys**
   그는 슈퍼마켓에서 그녀에게 아이스크림을 사 준다.
   _____

   그녀는 쇼핑몰에서 그들에게 주스를 사 준다.
   _____

3. **bought**
   아빠가 내게 저 모자를 사 주셨다.
   _____

   이모가 누나에게 이 바지를 사 주셨다.
   _____

4. **bring**
   그에게 케이크를 좀 갖다 줘.
   _____

   그가 네게 표를 한 장 갖다 줄 것이다.
   _____

5. **brings**
   그녀가 우리에게 점심을 갖다 준다.
   _____

   네 누나는 그에게 피자를 한 판 갖다 준다.
   _____

6. **brought**
   누가 너에게 이 핫도그를 갖다 줬어?
   _____

   그가 지난주에 내게 줄넘기를 하나 갖다 주었다.
   _____

B. 다음 문장을 우리말에 맞게 주어진 단어를 이용하여 바꿔 쓰세요. 단, 부정문은 축약형으로 쓰세요.

> Her aunt will buy her a computer.

앞 문장은 다음 문장의 힌트가 되므로 문제를 차례대로 푸세요.

1. 그녀에게 이 컴퓨터를 사 주지 마.   Don't

   _____

2. 그에게 초콜릿을 사 주지 마.   any

   _____

3. 네 사촌에게 저 티셔츠를 사 줘.   cousin, T-shirt

   _____

4. 다음 주 토요일에 우리에게 자전거를 사 주세요.   Saturday, please

   _____

5. 누가 네게 이 시계를 사 줄 거니?   who, watch

   _____

6. 너는 그들에게 후라이드 치킨을 갖다 줄 거니?   fried chicken

   _____

7. 그녀는 언제 너에게 이 배낭을 갖다 줬어?   when, backpack

   _____

8. 그는 언제 너에게 이 샌드위치를 갖다 줬어?   when, sandwich

   _____

9. 그는 그녀에게 그 자전거를 갖다 주지 않았다.   bike

   _____

10. 삼촌이 내게 반려동물 한 마리를 갖다 주셨다.   uncle, pet

   _____

teach & show

A. 주어진 단어를 사용하여 우리말에 맞게 문장을 완성하세요.

1. **teach**

나는 그에게 미술을 가르친다. _____

그들은 우리에게 음악을 가르치지 않는다. _____

2. **teaches**

그 남자는 그 소녀에게 그림 그리는 법을 가르친다. _____

그 여자는 그녀의 아들에게 요리 하는 법을 가르친다. _____

3. **taught**

그녀의 부모는 그녀에게 수영하는 법을 가르쳤다. _____

김 선생님(Mr. Kim)은 그 소년 에게 생각하는 법을 가르쳤다. _____

4. **show**

그들에게 춤추는 법을 보여줘라. _____

그 부모는 그들의 아이들에게 영어를 배우는 방법을 보여 줄 것이다. _____

5. **shows**

그 남자는 그의 학생들에게 한국어 읽는 법을 보여 준다. _____

최 선생님(Ms. Choi)은 내게 요리하는 법을 보여 준다. _____

6. **showed**

그 선생님은 그 학생에게 과학책 한 권을 보여 주었다. _____

그녀가 그들에게 컴퓨터 사용하는 법을 보여 주었다. _____

B. 다음 문장을 우리말에 맞게 주어진 단어를 이용하여 바꿔 쓰세요. 단, 부정문은 축약형으로 쓰세요.

> He teaches students English.

> 앞 문장은 다음 문장의 힌트가 되므로 문제를 차례대로 푸세요.

1. 그는 학생들에게 중국어를 가르치지 않는다.　Chinese

   _____

2. 김 선생님(Mr. Kim)이 너희들에게 사회를 가르치니?　social studies

   _____

3. 그녀는 어디서 너희들에게 한국사를 가르치니?　Korean history

   _____

4. 그녀는 언제 그에게 노래하는 방법을 가르칠 거니?　when, sing

   _____

5. 그에게 영어 공부하는 법을 가르쳐 주세요.　study, please

   _____

6. 제게 중국 음식 요리하는 법을 보여 주세요.　Chinese food

   _____

7. 그는 우리에게 그 한국어 책을 보여 줄 것이나.　Korean book

   _____

8. 나는 그에게 나의 영어책을 보여 주었다.　showed, English

   _____

9. 그 선생님이 너희들에게 영어를 읽는 법을 보여 주었니?　teacher, read

   _____

10. 김 씨 부부는 그들의 딸에게 스기 타는 법올 보여 주지 않았다.　daughter, ski

   _____

기적 영어 학습서

기본이 탄탄! 실전에서 척척!
유초등 필수 영어능력을 길러주는 코어 학습서

유아 영어

재미있는 액티비티가 가득한
3~7세를 위한 영어 워크북

4세 이상

5세 이상

6세 이상

6세 이상

파닉스 완성 프로그램

알파벳 음가 ➜ 사이트워드
➜ 읽기 연습까지!
리딩을 위한 탄탄한 기초 만들기

6세 이상 전 3권

1~3학년

1~3학년 전 3권

영어 단어

영어 실력의 가장 큰 바탕은 어휘력!
교과과정 필수 어휘 익히기

1~3학년 전 2권

3학년 이상 전 2권

영어 리딩

패턴 문장 리딩으로 시작해
정확한 해석을 위한 끊어읽기까지!
탄탄한 독해 실력 쌓기

2~3학년 전 3권

3~4학년 전 3권

4~5학년 전 2권

5~6학년 전 2권

영어 라이팅

저학년은 패턴 영작으로,
고학년은 5형식 문장 만들기 연습으로
튼튼한 영작 실력 완성

2학년 이상 전 5권

4학년 이상 전 5권

5학년 이상 전 2권

6학년 이상

영어일기

한 줄 쓰기부터 생활일기,
주제일기까지!
영어 글쓰기 실력을 키우는 시리즈

3학년 이상

4~5학년

5~6학년

영문법

중학 영어 대비, 영어 구사
정확성을 키워주는 영문법 학습

4~5학년 전 2권

5~6학년 전 3권

6학년 이상

초등 필수 영어 무작정 따라하기

초등 시기에 놓쳐서는 안 될 필수 학습은 바로 영어 교과서!
영어 교과서 5종의 핵심 내용을 쏙쏙 뽑아 한 권으로 압축 정리했습니다.
초등 과정의 필수학습으로 기초를 다져서 중학교 및 상위 학습의 단단한 토대가 되게 합니다.

| 1~2학년 | 2~3학년 | 2~3학년 | 3학년 이상 | 4학년 이상 |

미국교과서 리딩

문제의 차이가 영어 실력의 차이! 논픽션 리딩에 강해지는 《미국교과서 READING》
논픽션 리딩에 가장 좋은 재료인 미국 교과과정의 주제를 담은 지문을 읽고, 독해력과
문제 해결력을 두루 향상시킬 수 있도록 구성한 단계별 리딩 프로그램

| LEVEL 1 | LEVEL 2 | LEVEL 3 | LEVEL 4 | LEVEL 5 |
| 준비 단계 | 시작 단계 | 정독 연습 단계 | 독해 정확성 향상 단계 | 독해 통합심화 단계 |

중학교 가기 전 꼭 짚고 가야 할 예비중 필수 학습서

기적의 트레이닝

문법과 독해의 정확성을 높여주는
동사의 3단 변화 연습서!

기적의 동사 변화 트레이닝

저자	대상 독자	쪽수	부속	가격
주선이	초등 5~6학년	152쪽	MP3 파일	13,000원

- 예비 중학생이 꼭 알아야 할 필수 동사 162개 수록
- 동사의 3단 변화형 학습으로 문법과 독해 실력 향상
- 162개 동사의 변화형을 마스터하는 종합 테스트 4회분 제공
- MP3 파일로 문장 예습·복습 가능

문법과 영작에 강해지는
확장식 문장 만들기 연습서!

기적의 영어 문장 트레이닝

저자	대상 독자	쪽수	부속	가격
주선이	초등 5~6학년	176쪽	MP3 파일, 부가 학습 자료	13,000원

- 예비 중학생이 꼭 써봐야 할 5형식 문장 826개 수록
- 5형식 문장 규칙 학습으로 기초 문법과 영작 실력 다지기
- 확장식 문장 만들기 연습으로 중학 영어와 서술형 영작 시험 대비
- 배운 내용을 점검할 수 있는 단어 테스트, 리뷰 테스트 온라인 제공

기적의 영어문장 만들기 정답

길벗스쿨

4 | 4형식 문장

기적의 영어문장 만들기4

정답

4형식 문장

Step1 문장의 뼈대 만들기 **I**

연습 팍팍 ···································· p.15

2. We / don't give / Peter / flowers
3. You / give / Helen / a hint
4. They / don't give / Amy / money
5. I / give / Peter / a card
6. We / don't give / Helen / presents

연습 팍팍 ···································· p.17

1. She / gives / Peter / a hug
2. He / doesn't give / Lisa / a call
3. She / gives / Amy / a warning
4. She / doesn't give / Helen / a hug
5. He / doesn't give / Lisa / a warning
6. He / gives / Helen / a chance

Step1 문장의 뼈대 만들기 **II**

연습 팍팍 ···································· p.20

1. Amy / gave / him / a hint
2. Peter / didn't give / us / the cards
3. Helen and Lisa / gave / me / money
4. Jack and I / gave / her / the books
5. Amy / didn't give / them / the presents
6. Helen and Lisa / didn't give / you / the books

Step1 문장의 뼈대 만들기 **III**

연습 팍팍 ···································· p.23

1. My teacher / will give / me / advice
2. The woman / won't give / him / the message
3. His friend / will give / him / help
4. The man / won't give / her / the news
5. Your teacher / will give / you / the message
6. Her friend / won't give / you / help

Step2 문장에 살 붙이기

연습 팍팍 ···································· p.26

1. I gave them some news.
2. She gives Lisa a special present.
3. Jack will give you a call.
4. The man will give me useful advice.
5. Our teacher gave us a lot of help.
6. Peter and I give Helen wonderful information.
7. I didn't give Jack the special card.
8. We won't give him useful advice.
9. They didn't give her the good news.
10. He doesn't give me expensive presents.
11. His friend won't give you any warnings.
12. Helen and I don't give Amy a lot of books.

Step3 변신 문장 만들기

연습 팍팍 ···································· p.30

1. Lisa / gave / us
   Lisa / gave / a lot of help
2. I / will give / him / a pretty card
   I / will give / a pretty card / to him
3. Jack / gave / her / good news
   Jack / gave / good news / to her
4. They / won't give / us / any help
   They / won't give / any help / to us
5. He / didn't give / Amy / flowers
   He / didn't give / flowers / to Amy
6. She / doesn't give / me / a hug
   She / doesn't give / a hug / to me
7. Helen and I / gave / them / the message
   Helen and I / gave / the message / to them
8. We / didn't give / Peter / a call
   We / didn't give / a call / to Peter

1. Give / me / some advice
2. Give / her / useful information
3. Give / Peter / good news
4. Give / Lisa / a wonderful present
5. Don't give / Helen / a hug
6. Give / us / the pretty books
7. give / them / a lot of help
8. Please / don't give / him / any chances

Step4 의문문 만들기

❶ 의문사 없는 의문문 Ⅰ ⋯⋯⋯⋯ p.34

1. Do / you / give / Peter / help
2. Will / they / give / her / a call
3. Did / Lisa and Amy / give / him / a hint
4. Will / you / give / her / money

❷ 의문사 없는 의문문 Ⅱ ⋯⋯⋯⋯ p.35

1. Does / she / give / you / any advice
2. Did / the man / give / Lisa / flowers
3. Will / Peter / give / her / a present
4. Will / the man / give / you / the book

❸ When 의문문 ⋯⋯⋯⋯⋯⋯⋯⋯ p.36

1. When / do / they / give / her / a hug
2. When / will / you / give / him / the present
3. When / will / they / give / us / the information
4. When / did / you / give / her / flowers

❹ Why 의문문 ⋯⋯⋯⋯⋯⋯⋯⋯⋯ p.37

1. Why / does / he / give / me / a warning
2. Why / did / the woman / give / you / a chance
3. Why / did / he / give / them / a call
4. Why / does / the woman / give / me / a lot of help

CHALLENGE!

긍정문 ⋯⋯⋯⋯⋯⋯⋯⋯⋯⋯⋯⋯ p.38

1. I / send / Lisa
2. He / sent / me / a present
3. We / will send / them / a lot of money
4. Peter / sends / Amy / wonderful cards
5. Helen and Jack / sent / us / an expensive present
6. Amy and I / will send / you / pretty flowers

부정문 ⋯⋯⋯⋯⋯⋯⋯⋯⋯⋯⋯⋯ p.39

1. I / didn't send / them / any warnings
2. Helen and I / won't send / her / the message
3. We / don't send / them / expensive books
4. He / didn't send / me / useful information
5. Jack and Lisa / won't send / him / any news
6. Peter / doesn't send / Helen / any flowers

의문문 ⋯⋯⋯⋯⋯⋯⋯⋯⋯⋯⋯⋯ p.40

1. Will / you / send / him / the book
2. Did / you / send / them
3. Did / Helen / send / you
4. When / will / Jack / send / her / a message
5. Why / does / Peter / send / Lisa / expensive presents
6. When / did / they / send / us / the good books

변신 문장 만들기 ⋯⋯⋯⋯⋯⋯⋯⋯ p.41

1. They / send / us / useful books
   They / send / useful books / to us
2. Jack / sent / me / good news
   Jack / sent / good news / to me
3. Peter / sends / Helen / pretty cards
   Peter / sends / pretty cards / to Helen
4. We / will send / them / some presents
   We / will send / some presents / to them

A p.42

1.

gives	don't	Does
gave	didn't	give
give	won't, give	give

2.

sends	doesn't	Do
sent	didn't, send	send
will	won't, send	Will, send

B

3. She gives Lisa a call.
4. Peter won't give them any information.
5. Send her a special present.
6. Jack won't send them expensive books.

C p.43

7. Helen and Lisa didn't give us a hint.
8. Her friend gives her the message.
9. Will you give her good help?
10. Peter didn't send a tiny card to me.

D

11. Give me some advice.
12. Did you give Jack a chance?
    [Did you give a chance to Jack?]
13. Why did he give me a warning?
    [Why did he give a warning to me?]

두 번째 동사 tell

A ······················· p.76

1.

tell	don't	Does
told	didn't	tell
tell	won't, tell	tell

2.

asks	doesn't	Do
asked	didn't, ask	ask
will	won't, ask	Will, ask

B

3. We tell him nothing.
4. He tells me a joke.
5. They don't tell her everything.
6. I will ask her the title.

C ······················· p.77

7. Did Jack tell us a riddle?
8. Don't tell her the result.
9. Helen tells you lies.
10. He asked them the reason again.

D

11. I told him my secret quietly.
    [I told my secret to him quietly.]
12. She didn't tell anything to them.
    [She told nothing to them.]
13. They will ask her some questions.
    [They will ask some questions of her.]

Step1 문장의 뼈대 만들기 **Ⅰ**

연습팍팍 ································· p.83

1. I / buy / Lisa / a sandwich
2. We / don't buy / Amy / pizza
3. I / don't buy / Jack / lunch
4. They / buy / Peter / a hot dog
5. You / buy / Amy / fried chicken
6. They / don't buy / Lisa / cake

연습팍팍 ································· p.85

1. He / buys / her / some ice cream
2. She / doesn't buy / him / any milk
3. He / doesn't buy / us / any ice cream
4. She / buys / them / some juice
5. She / buys / me / some chocolate
6. He / doesn't buy / you / any juice

Step1 문장의 뼈대 만들기 **Ⅱ**

연습팍팍 ································· p.88

1. Dad / bought / my sister / that T-shirt
2. Mom / bought / my cousin / this cap
3. My aunt / didn't buy / me / those shoes
4. My uncle / didn't buy / my brother / those pants
5. Grandpa / bought / my sister / this watch
6. Grandma / didn't buy / my brother / that backpack

Step1 문장의 뼈대 만들기 **Ⅲ**

연습팍팍 ································· p.91

1. Her aunt / won't buy / her / a computer
2. My mother / won't buy / me / a bike
3. Our parents / will buy / us / a jump rope
4. Their grandparents / will buy / them / clothes
5. His uncle / will buy / him / a cell phone

6. Your father / won't buy / you / a ticket

Step2 문장에 살 붙이기

연습팍팍 ································· p.94

1. I will buy you some juice next week.
2. You bought me fried chicken last week.
3. His father bought him a hot dog this week.
4. Her mother buys her cake at the store.
5. Our parents buy us clothes at the mall.
6. Their parents will buy them some sandwiches at the cafeteria.
7. We don't buy Lisa any ice cream at the cafeteria.
8. They didn't buy us a pizza last Saturday.
9. My aunt won't buy my cousin the ticket this Monday.
10. My uncle doesn't buy Peter any chocolate at the supermarket.
11. Her parents didn't buy Helen a bike at the department store.
12. His grandparents won't buy Peter a backpack next Sunday.

Step3 변신 문장 만들기

연습팍팍 ································· p.98

1. I / buy / him
   I / buy / some juice
2. Dad / bought / us / some clothes
   Dad / bought / some clothes / for us
3. My mother / will buy / me / a computer
   My mother / will buy / a computer / for me
4. My uncle / bought / me / that watch
   My uncle / bought / that watch / for me
5. My grandparents / don't buy / me / any chocolate
   My grandparents / don't buy / any chocolate / for me

6. His parents / won't buy / him / a bike

   His parents / won't buy / a bike / for him

7. She / doesn't buy / them / any ice cream

   She / doesn't buy / any ice cream / for them

8. My aunt / didn't buy / my brother / those shoes

   My aunt / didn't buy / those shoes / for my brother

연습팍팍 ···················· p.101

1. Buy / me / a hot dog

2. Buy / your sister / this backpack

3. Buy / your brother / that T-shirt

4. Buy / me / a cell phone / this week / please

5. Please / buy / us / a bike / next week

6. Buy / them / something / at the mall / please

7. Don't buy / your brother / any chocolate / at the supermarket

8. Don't buy / your cousin / a cap / at the store

Step4 의문문 만들기

❶ 의문사 없는 의문문 Ⅰ ················ p.102

1. Do / you / buy / your brother / any juice / at the supermarket

2. Did / his parents / buy / him / a cake / at the cafeteria

3. Will / they / buy / her / a pizza / next week

4. Did / your parents / buy / your brother / a bike / last Saturday

❷ 의문사 없는 의문문 Ⅱ ·············· p.103

1. Did / he / buy / my sister / this watch / last week

2. Will / her aunt / buy / her cousin / a computer / next Sunday

3. Did / your aunt / buy / you / that backpack / at the mall

4. Does / his father / buy / him / clothes / at the department store

❸ When 의문문 ···················· p.104

1. When / did / they / buy / you / these shoes

2. When / do / you / buy / her / lunch

3. When / did / your mom / buy / you / a T-shirt

4. When / will / they / buy / him / a cap

❹ Who 의문문 ······················ p.105

1. Who / bought / you / these pants

2. Who / will buy / us / pizza

3. Who / bought / your brother / a cell phone

4. Who / buys / you / fried chicken

→ CHALLENGE! •

긍정문 ·························· p.106

1. He / brings / me / a ticket

2. Our parents / will bring / us / fried chicken

3. Their aunt / brought / them / some ice cream

4. His brother / brought / him / some juice

5. She / will bring / us / lunch / this week

6. Her uncle / brought / her / a bike / last week

부정문 ·························· p.107

1. He / didn't bring / us / any milk

2. Lisa / won't bring / us / the bike

3. I / didn't bring / him / the jump rope

4. Mom / won't bring / us / a pizza

5. He / didn't bring / you / this sandwich

6. Your sister / doesn't bring / you

의문문 ·························· p.108

1. Did / they / bring / her / the bike

2. Will / you / bring / me / the ticket

3. Does / your father / bring / you / lunch

4. Will / you / bring / him / this backpack / today

5. When / did / she / bring / you / the clothes

6. Who / brought / you / this hot dog

1. He / brings / me / some juice
   He / brings / some juice / to me
2. My aunt / brought / me / a pet
   My aunt / brought / a pet / to me
3. She / will bring / me / the T-shirt
   She / will bring / the T-shirt / to me
4. Our uncle / brought / us / a computer
   Our uncle / brought / a computer / to us

REVIEW TEST

A p.110

1.
buy	don't	Does
bought	didn't	buy
buy	won't, buy	buy

2.
brings	doesn't	Do
brought	didn't, bring	bring
will	won't, bring	Will, bring

B

3. I buy Lisa a sandwich.
4. She bought Peter some ice cream.
5. He doesn't buy them any chocolate.
6. His brother brought him some juice.

C p.111

7. Dad bought me this backpack.
8. My mother won't buy me a bike.
9. Don't buy your brother that T-shirt.
10. Did they bring her the clothes?

D

11. Who buys you fried chicken?
12. When did you buy her lunch?
13. Will you bring me a ticket?
    [Will you bring a ticket to me?]

네 번째 동사 teach

Step1 문장의 뼈대 만들기 ❶

연습팍팍 ························· p.117
1. I / teach / her / math
2. They / don't teach / us / art
3. We / teach / them / science
4. You / don't teach / me / English
5. You / teach / him / social studies
6. We / don't teach / you / music

연습팍팍 ························· p.119
1. He / teaches / me / science
2. She / doesn't teach / you / Korean
3. He / teaches / us / history
4. He / doesn't teach / her / PE
5. She / teaches / them / Chinese
6. She / doesn't teach / him / math

Step1 문장의 뼈대 만들기 ❷

연습팍팍 ························· p.122
1. Mr. and Mrs. Kim / taught / their daughter / how to swim
2. The parents / taught / their children / how to read
3. The man / didn't teach / the girl / how to draw
4. The woman / didn't teach / her son / how to study
5. The man / taught / his students / how to write
6. Mr. and Mrs. Kim / didn't teach / the boy / how to think

Step1 문장의 뼈대 만들기 ❸

연습팍팍 ························· p.125
1. Mr. Kim / will teach / them / how to read Chinese

2. Ms. Choi / won't teach / us / how to learn Korean
3. Mr. and Mrs. Kim / won't teach / their children / how to listen to English
4. Mr. and Mrs. Kim / will teach / you / how to speak Korean
5. Mr. Smith / will teach / me / how to write English
6. Ms. Choi / won't teach / her students / how to study Chinese

Step2 문장에 살 붙이기

연습팍팍 ························· p.128
1. Ms. Kim taught me how to speak Chinese.
2. The teacher teaches us ancient history.
3. The man teaches his daughter classical music.
4. The woman will teach children how to write English.
5. His parents teach him how to read Korean.
6. Mr. and Mrs. Smith taught people modern history.
7. Ms. Smith doesn't teach students social studies at a middle school.
8. Mr. Kim didn't teach students Chinese at a high school.
9. The man won't teach children math at an elementary school.
10. The woman didn't teach students Korean history at a middle school.
11. The teacher won't teach students science at an elementary school.
12. Mr. and Mrs. Choi don't teach students English at a university.

연습팍팍 ···························· p.132

1. The teacher / taught / us
   The teacher / taught / folk music
2. Her parents / teach / her / how to swim
   Her parents / teach / how to swim / to her
3. Mr. and Mrs. Choi / will teach / them /
   ancient art
   Mr. and Mrs. Choi / will teach / ancient art
   / to them
4. The woman / teaches / her students /
   Chinese
   The woman / teaches / Chinese / to her
   students
5. Mr. Kim / won't teach / us / science
   Mr. Kim / won't teach / science / to us
6. Ms. Smith / doesn't teach / me / how to
   write English
   Ms. Smith / doesn't teach / how to write
   English / to me
7. The woman / didn't teach / her son / how
   to cook
   The woman / didn't teach / how to cook /
   to her son
8. They / don't teach / their children / history
   They / don't teach / history / to their children

연습팍팍 ···························· p.135

1. Teach / the student / how to read English
2. Teach / her / how to cook
3. Teach / his brother / math
4. Don't teach / them / how to ski
5. Teach / my students / how to think / please
6. Teach / me / how to learn English / please
7. Please / teach / us / Roman history
8. Don't teach / her sister / Chinese / please

Step4 의문문 만들기

❶ 의문사 없는 의문문 Ⅰ ·········· p.136

1. Will / you / teach / us / how to swim
2. Do / they / teach / you / how to cook

3. Did / Mr. and Mrs. Kim / teach / them /
   how to draw
4. Will / they / teach / us / how to sing

❷ 의문사 없는 의문문 Ⅱ ·········· p.137

1. Did / Mr. Choi / teach / you / modern art
2. Does / the teacher / teach / the students /
   classical music
3. Will / Ms. Smith / teach / the children /
   ancient art
4. Did / the teacher / teach / the students /
   Korean history

❸ When 의문문 ···················· p.138

1. When / will / you / teach / me / how to
   swim
2. When / did / they / teach / her / how to
   write
3. When / do / they / teach / him / how to ski
4. When / will / you / teach / him / how to
   dance

❹ Where 의문문 ··················· p.139

1. Where / does / Ms. Smith / teach /
   students / Korean
2. Where / will / Mr. Kim / teach / us / science
3. Where / did / the woman / teach / students
   / art
4. Where / did / Mr. Kim / teach / you /
   English

CHALLENGE!

긍정문 ······························· p.140

1. Ms. Kim / showed / students
2. Ms. Choi / shows / me / how to cook
   Chinese food
3. Mrs. Smith / showed / us
4. The teacher / showed / the student /
   a science book
5. The man / shows / students / how to swim
6. Mr. and Mrs. Kim / will show / their
   children

1. The woman / won't show / them
2. The parents / didn't show / their children / how to read English
3. The teacher / doesn't show / the students / how to swim
4. Mr. and Mrs. Kim / didn't show / her / how to cook
5. Mr. Choi / doesn't show / his daughter
6. The man / didn't show / us / how to draw

1. Will / Mr. Smith / show / us / the math book
2. Will / the man / show / his children / how to write
3. Did / the teacher / show / you / how to read English
4. Did / she / show / them / how to write Chinese
5. Does / the woman / show / her children / how to cook
6. Do / they / show / the students / how to learn English

1. I / showed / him / my English book
   I / showed / my English book / to him
2. The man / shows / her / how to swim
   The man / shows / how to swim / to her
3. He / will show / us / the Chinese book
   He / will show / the Chinese book / to us
4. The parents / showed / their children
   The parents / showed / a concert / to their children

REVIEW TEST

A ···················· p.144

1.
teach	don't	Does
taught	didn't	teach
teach	won't, teach	teach

2.
shows	doesn't	Do
showed	didn't, show	show
will	won't, show	Will, show

B

3. She teaches the students math.
4. He will teach your son science.
5. I don't teach them English.
6. Her parents won't show her a concert.

C ···················· p.145

7. The man didn't teach the girl how to read.
8. Does Ms. Choi teach them modern history?
9. The man won't teach children PE at an elementary school.
10. Did the woman show her children how to cook?

D

11. Teach me how to draw, please.
    [Please teach me how to draw.]
    [Please teach how to draw to me.]
12. Don't teach Chinese to him.
13. When did you show him how to cook?
    [When did you show how to cook to him?]

Word Test ① ···································· p.146

1.	tiny	6.	me	11.	chance
2.	interesting	7.	her	12.	warning
3.	useful	8.	him	13.	message
4.	wonderful	9.	us	14.	present
5.	special	10.	them	15.	advice

▶

1.	a big present	6.	the pretty flowers
2.	an interesting present	7.	the special card
		8.	the good news
3.	an expensive present	9.	the special books
4.	a useful hint	10.	the useful advice
5.	an interesting book		

▶

11.	good help	15.	useful information
12.	a little help	16.	wonderful information
13.	a lot of advice	17.	good news
14.	any advice	18.	a lot of news

Word Test ② ···································· p.147

1.	joke	6.	her	11.	reason
2.	truth	7.	our	12.	result
3.	lie	8.	your	13.	movie
4.	riddle	9.	his	14.	program
5.	secret	10.	their	15.	plan

▶

1. all about me
2. the truth about him
3. a lie about the picture
4. a secret about the song
5. anything about the book
6. their ideas about it
7. the title of the movie
8. the title of the program

▶

9.	again	11.	every time
10.	quietly	12.	every day

Word Test ③ ···································· p.148

1.	clothes	6.	T-shirt	11.	sandwich
2.	ticket	7.	backpack	12.	fried chicken
3.	computer	8.	cell phone	13.	ice cream
4.	jump rope	9.	pants	14.	chocolate
		10.	watch	15.	grandparents
5.	shoes				

▶

1. at the mall
2. at the store
3. at the cafeteria
4. at the department store
5. at the supermarket

▶

6.	this week	9.	this Monday
7.	last week	10.	last Saturday
8.	next week	11.	next Sunday

Word Test ④ ···································· p.149

1.	write	6.	think	11.	learn
2.	speak	7.	listen (to)	12.	science
3.	study	8.	classic	13.	math
4.	draw	9.	folk	14.	Korean
5.	swim	10.	Roman	15.	social studies

▶

1.	folk music	7.	folk art
2.	classical music	8.	Roman history
3.	pop music	9.	Korean history
4.	modern art	10.	Chinese history
5.	ancient art	11.	ancient history
6.	pop art	12.	modern history

▶

13. at an elementary school
14. at a middle school
15. at a high school
16. at a university

1. Jack told me the truth.
2. Jack didn't tell us the truth.
3. Will you tell him the reason?
4. Did she tell you a lie?
5. Why did you tell me a lie?
6. When will she tell us the result?
7. We will ask her nothing.
8. I won't ask him his idea every time.
9. Helen asked me a favor.
10. Did Helen ask you the title of the picture?

Final Test ❸

1. We buy Jack clothes.
   My parents buy us lunch.
2. He buys her (some) ice cream at the supermarket.
   She buys them (some) juice at the mall.
3. Dad bought me that cap.
   My aunt bought my sister these pants.
4. Bring him some cake.
   He will bring you a ticket.
5. She brings us lunch.
   Your sister brings him a pizza.
6. Who brought you this hot dog?
   He brought me a jump rope last week.

1. Don't buy her this computer.
2. Don't buy him any chocolate.
3. Buy your cousin that T-shirt.
4. Buy us a bike next Saturday, please.
5. Who will buy you this watch?
6. Will you bring them fried chicken?
7. When did she bring you this backpack?
8. When did he bring you this sandwich?
9. He didn't bring her the bike.
10. My uncle brought me a pet.

Final Test ❶

1. The man will give me help.
   The woman will give you advice.
2. He gives Amy a hint.
   She gives Peter a hug
3. Amy gave me a chance.
   Jack and I gave her the presents.
4. We will send them some books.
   He didn't send me useful information.
5. She sends us special presents.
   Peter sends Amy birthday cards.
6. He sent me a warning.
   Helen sent him the flowers.

1. She doesn't give Lisa a call.
2. He didn't give Lisa a chance.
3. We gave Helen a hug.
4. We gave Helen a warning.
5. Did your teacher give her the message?
6. Why does your teacher give him a lot of help?
7. When will you send us the book?
8. Did Jack send you a Christmas card?
9. Jack sent good news to me.
10. Peter won't send Jack an expensive present.

Final Test ❷

1. We tell you everything.
   She doesn't tell us jokes.
2. He tells me lies.
   She tells them nothing.
3. Peter told her his name.
   Lisa and Helen told us their plan.
4. I ask them all about you.
   He didn't ask us the reason again.
5. Jack asks him advice.
   Helen asks me the results.
6. Peter asked him her name.
   She asked me the title of the program.

1. I teach him art.
    They don't teach us music.
2. The man teaches the girl how to draw.
    The woman teaches her son how to cook.
3. Her parents taught her how to swim.
    Mr. Kim taught the boy how to think.
4. Show them how to dance.
    The parents will show their children how
    to learn English.
5. The man shows his students how to read
    Korean.
    Ms. Choi shows me how to cook.
6. The teacher showed the student a science
    book.
    She showed them how to use a computer.

1. He doesn't teach students Chinese.
2. Does Mr. Kim teach you social studies?
3. Where does she teach you Korean history?
4. When will she teach him how to sing?
5. Teach him how to study English, please.
6. Show me how to cook Chinese food.
7. He will show us the Korean book.
8. I showed him my English book.
9. Did the teacher show you how to read
    English?
10. Mr. and Mrs. Kim didn't show their
    daughter how to ski.

수고하셨습니다.
5권에서 만나요~